# 西田哲学とその彼岸

## ――時間論の二つの可能性――

重久俊夫 著

晃洋書房

# まえがき

ゆく河の流れはたえずして、しかも、もとの水にあらず。
よどみに浮かぶ泡沫《うたかた》は、かつ消え、かつ結びて、久しくとどまりたる例《ためし》なし。
世の中にある人と栖《すみか》と、また、かくの如し。

鴨長明

時間のイメージとは、およそこうしたものであろう。滔々と一方向に流れる〝ゆく河〟のようでもあり、また、一か所で〝かつ消え、かつ結ぶ〟泡沫のようでもある。両者は、時間に含まれる二種類の〈無常〉であり、その各々に対して、古来、哲学者によるさまざまな批判があった。

だが、時間は本当に存在するのだろうか。本書は、そうした時間についての哲学的反省である。それは、われわれ自身の自己同一性を疑うことでもあり、〝死〟とは何かを問うことでもあって、突き詰めれば、この世界の真相を形而上学的に解明することでもある。

＊　＊　＊　＊　＊　＊

本書の結論は第二部で語られる。それに先立つ第一部では、本論への跳躍板として一つの偉大な先行研究を紹介し、解読することを試みる。それは、近代日本の哲学者・西田幾多郎（一八七〇～一九四五年）の世界観である。

西田の時間論は「永遠の今の自己限定」というキーフレーズに集約されるが、そこでは、流れる時間の存在は必ずしも否定されない。むしろ、そういう〝常識〟が成り立つための形而上学的条件を探求するのが西田哲学だと考えられる。だからこそ、時間の実在性を批判的に考察しようとする第二部にとって、西田哲学は導入にもなりうるし、また、比較のための対論にもなりうるのである。

処女作の『善の研究』以来、西田の思想はその独創性を強調されることが多かった。しかし、古今東西の古典的形而上学を総括し、二〇世紀的な合理性のもとに体系化しえた点にこそ、西田哲学の最大の意義があるのかも知れない。だとすれば、第一部で西田を取り上げるのも、ある意味では、古典的な形而上学の標準化であり、そうしたものを批判の対象として俎上に載せるための準備作業に他ならないといえる。

第一部はまた、近代日本思想史に関する一つの個別的な歴史研究である。時期やテーマの異なるさまざまな著作を総合し、一つの世界観として極力整合的に西田哲学全体を復元することが、ここでの目標となる。通常の歴史研究は、混乱した思想は混乱したままで忠実に復元し、思想家個人の試行錯誤の足どりを時系列的に追体験しようとするものが多い。本書の西田哲学解読は、その点で、通常の歴史研究とはいささか趣を異にしている。

また、従来の西田哲学は、「京都学派」的解釈とともに流布してきた側面が強い。もとより「京都学派」のメンバーも思想傾向も明確に確定することはできないが、「西田哲学を禅仏教に引き付けて宗教的に解釈する傾向」を「京都学派」的と呼ぶことには大方の賛同が得られるのではなかろうか。こうした解釈は、西田生前の友人であった鈴木大拙や弟子の西谷啓治等によって確立され、権威づけられたものである。しかしながら、鈴木や西谷には各々独自の立場があり、彼らを西田の忠実な解釈者だと思い込むのは早計である。むしろ、論理性を重視する西田哲学が仏教学者の鈴木によって一定の宗教的バイアスを与えられ、それが西谷によってさらに拡大された結果が「京都学派の西田哲学」だと考えるべきである。

第一部で試みる解読は、さまざまな意味においてこうした京都学派的解釈に対する挑戦であり、「京都学派の西田哲学」を「西田幾多郎の西田哲学」に引き戻すための基礎工事となることを目指している。

＊　＊　＊　＊　＊　＊

西田の略歴は次の通りである。

一八七〇（明治三）年、北陸の能登の富農の家に生まれ、東京の「帝国大学」文科大学で学んだ。

帰郷後、郷里に近い金沢の旧制高校で教鞭を取るかたわら、哲学研究と坐禅修行に励んだといわれる。その後、宗教体験を哲学的に解釈することを試み、その成果を、一九一一（明治四四）年、『善の研究』と題して出版した。

出版の前年、「京都帝国大学」に招聘され、一九二八（昭和三）年に退官するまで、京都にあって研究と教育に従事した。当時の弟子や同僚の多くに西田の思想的影響が及んだが、彼らが後に、哲学における「京都学派」と呼ばれることになる。西田自身は、京大退官後も精力的に「西田哲学」の構築を続け、一九四〇（昭和一五）年には文化勲章を受章し、第二次世界大戦の敗戦を目前にした一九四五（昭和二〇）年六月、鎌倉で病没した。

戦後は、思想界が急速に左傾化する中で、戦時体制下の「京都学派」の言動が批判の対象となり、西田哲学も激しい毀誉褒貶にさらされるようになった。その影響は今日も続いているが、肝心の西田哲学の正確な理解が確立されているとは今でもいいがたい。

多様な展開を見せる西田の思想を、第一部では、「汎神論」「純粋経験」「主観・客観」「主体性」「歴史的世界と物理的世界」「宗教」という六つのテーマに従って分析することにしよう。

# 西田哲学とその彼岸——時間論の二つの可能性　目次

## 第二部　西田哲学の彼岸へ

第一部

# 西田哲学を解読する

私は感じる、
このすべての宇宙が聖なる一つの蓮の花として、あなたの心の底なき湖に浮かんでいるのを。

R・タゴール

永遠の今というのは、過去・未来がすべて現在に含まれているということである。

西田幾多郎

# 第一章　西田哲学は汎神論か

## 一　はじめに

本章の課題は、西田哲学の世界観が汎神論であるかどうかを、著作に則して検証することである。汎神論とは、われわれが経験するこの世界のすべてが神（絶対者）そのものであるという考えであり、「神即自然」というスピノザ（一六三二〜七七年）のテーゼがよく知られている。しかし、「神即自然」には、内在型、超越型、内在的超越型という三通りの解釈が可能であり、それによって汎神論の理解も変容せざるをえない。

もとより、西田のすべての著作をここで検証する余裕はないので、取り上げるべき著作を次の基準で選択する。⑴絶対者についての明確な記述を含むもの、⑵思想家としての西田の経歴の最初と最後を画するもの、⑶汎神論の典型といわれるスピノザ哲学との関係を明確に述べているもの。以上

の基準にもとづいて次の四点を選択し、順次検討を加えてみたい。(1)

1　『善の研究』（処女作）一九一一年刊。
2　『哲学概論』一九五三年刊。（京都大学における講義の、高坂正顕による記録。「後書」によれば、京大退官直前の一九二〇年代中頃の講義がもとになっている。）
3　「デカルト哲学について」一九四四年発表。
4　「場所的論理と宗教的世界観」（生前最後の完成論文）一九四五年脱稿。

なお、西田の著作の引用は、新版『西田幾多郎全集』（第一版、岩波書店、編集・竹田篤司、クラウス・リーゼンフーバー、小坂国継、藤田正勝）に依り、適宜ルビを補った上、巻数と頁数のみを（ ）内に表示する。それ以外の参照文献は、［ ］内に著者名のみを記し、詳細は巻末の参考文献表に掲載する。（次章以降も同様）。

## 二　『善の研究』――世界観の基本構造

### すべてがそこにある「場」としての神

『善の研究』第二編と第四編は、宇宙の根本である「神」をめぐる考察である。そもそも、事物が何らかの相互関係を有するためには、それらを含めた全体が一つの「場」として現れていなければならない。たとえば、「物体Xが左から飛来し、物体Yが右から飛来し、両者が衝突して跳ね返った」という出来事は、共通の「場」にあって初めて成り立つものである。そうでなければ、XとYが衝突することもありえないし、相互の位置関係（右とか左）も一切成り立たない。このことから、すべての事物を含む世界全体を包括する普遍的な「場」が要請され、それが「神」と呼ばれることになる。

『善の研究』第二編には次のように記されている。(2)

一　一つの物が働くといふのは必ず他の物に対して働くのである、而《しか》して之《これ》には必ず此《こ》の二つの物を結合して互に相働くを得しめる第三者がなくてはならぬ、例へば甲の物体の運動が乙に伝はるといふには、此の両物体の間に力といふものがなければならぬ、又性質といふことも一の性質が成立するには必ず他に対して成立するのである。（中略）而して一の性質が他の性質と区別し比較せらるるには、両性質は其《その》根柢に於て同一でなければならぬ、全く類を異にし其間に何等の共通なる点をもたぬ者は比較し区別することができぬ。かくの如く凡《すべ》て物は対立に由って成立するといふならば、其根柢には必ず統一的或者《あるもの》が潜んで居るのである。（巻一・五六）

二　此処《ここ》に一の実在があれば必ずこれに対する他の実在がある。而してかくこの二つの物が互に相対立するには、此の二つの物が独立の実在ではなくして、統一せられたるものでなければならぬ、即ち一の実在の分化発展でなければならぬ。（巻一・六三）

物理学者の朝永振一郎は、離合集散する素粒子の群れを、一つの電光掲示板の上で浮動する光の点滅にたとえたが、西田のいう「神」は、まさにその場合の電光掲示板に他ならない(3)。しかし、電光掲示板とは、光を含んだ面のことなのか？ それとも、光の背後にある面そのもののことなのか？ それが問われなければならない。

## 海と波

問いはさまざまな解釈を生み出し、『善の研究』第四編で語られる神と世界の関係も、次に見るように複雑である。また、西田の考えでは、実在するものはすべて意識現象であり、意識現象の総体が世界を構成すると考える。（それゆえ、「物体X」や「素粒子」の例は、あくまでも説明のためのアナロジーである。詳細は第三章参照。）

三　すべて意識の統一は変化の上に超越して湛然《たんぜん》不動でなければならぬ（中略）。又意識の統一は知識の対象となることはできぬ、総《す》べての範疇を超越して居る、我々はこれに何等の定形を与ふることもできぬ、而も万物は之に由りて成立するのである。（巻一・一四八）

四　先づ我々の意識統一は見ることもできず、聞くこともできぬ、全く知識の対象となることはできぬ。一切は之に由りて成立するが故に能《よ》く一切を超越して居る。（中略）ニコラウス・クザーヌスの如きは神は有無を超越し、神は有にして又無なりといって居る。（中略）時間、空間は意識統一に由つて成立するが故に、神は時間、空間の上に超越し永久不滅にして在らざる所な

してある。（巻一・一五一）

五　要するに神と世界との関係は意識統一と其《その》内容との関係である。意識内容は統一に由つて成立するが、又意識内容を離れて統一なるものはない。意識内容と其統一とは統一せられる者とする者との二あるのではなく、同一実在の両方面にすぎないのである。（巻一・一五二）

六　神と我々の個人的意識との関係は意識の全体とその部分との関係である。（巻一・一五四）

「神と世界との関係は意識統一と其内容との関係である」という引用「五」の記述は、『大乗起信論』などに見られる「水波の比喩」を連想させるものである。そこで、次のような解釈図式を考えてみたい。

A——現象世界の「存在」の根拠。無形相の「場」そのもの、意識統一。（比喩）海

B——現象世界の「かたち」の根拠。様態、世界、意識内容。（比喩）波

C——AとBとが重なり合った現実の現象世界の全体。（比喩）波立った海面

引用「三」と引用「四」は、神を無形相の「場」そのもの（A）として表現する。[4] 無形相だからこそ、それはあらゆる事物の背後にあり、現象世界の全体をその上にあらしめることができる。一方、引用「五」は、神（A）と世界（B）が一体不可分、すなわちCであることを主張する。引用「六」もまた、神と個人的意識とが——全体と部分の違いはあるが——同質の意識現象（C）であることを

表している。

このことは、相異《あい》なるAとCが同一の神の両面に他ならず、矛盾をはらんだ「AかつC」の全体が、ここでいう神であることを示している。そして、こうした神こそ、汎神論の神と呼ぶのにふさわしいものではないだろうか。(5)

## 「汎神論」の多義性

矛盾をはらんだ「AかつC」である「神」は、いいかえれば、「無即有」であり「一即全」であり「超越即内在」である。これを仮に「内在的超越」型汎神論と名づけておきたい。一方、汎神論には「有」「全」「内在」(C)の側面だけでイメージされ、この世界の具体的な事物の総体を神と見る見方もある。これを「内在」型汎神論と名づけておく。逆に、「無」「一」「超越」(A)の側面だけでイメージされ、神を、この世界のいかなる事物とも異なる完全に無形相なXと捉える見方もある。これを「超越」型汎神論と呼ぶことにする。

西田の世界観は、すでに述べたように、神がA(世界超越)とC(世界内在)の両面を有する「内在的超越」型であり、後の著作において「内在即超越・超越即内在」と呼ばれるものである。(6)従って、単なる「内在」型汎神論でもなければ、単なる「超越」型汎神論でもない。『善の研究』には、「又いかなる汎神論であつても個々の万物そのままが直《ただち》に神であるといふのではない、スピノーザ哲学に於ても万物は神の差別相 modes である」(巻一・一四〇)とあり、傍線部において「内在」型汎神論が否定されていると考えられる（ただし、「超越」型汎神論に関しては『善の研究』では言及されていない）。

『善の研究』における世界観を「汎神論」と呼ぶことに対して否定的な説の多くは、ここでいう「汎神論」を「内在」型汎神論や「超越」型汎神論と混同することから生じたものである。また、「内在的超越」の「超越」を、全く意味の異なる有神論の「超越」と混同することから混乱が生じる場合もある。[7] 有神論における「超越」とは、神が世界から独立した存在者であり、世界を創造し支配する主体であることを表している。しかし、「内在的超越」の「超越」は、こうした有神論の「超越」とは無関係である上に、西田自身が生涯を通じて有神論の「君主的神」を拒否し続けたことを忘れてはならない。『善の研究』第四編第二章では有神論と汎神論とが対比され、有神論が「超越」的、汎神論が「内在」的と捉えられている。そこから、「汎神論とは内在的であって超越的ではない」という誤解が生じ、「内在的超越」は汎神論ではないという誤った結論が導かれる。しかしながら、この場合、汎神論が内在的であるというのは、有神論の意味での「超越」を否定しているのであって、汎神論の意味での「超越」（すなわち「内在的超越」）を否定する趣旨ではない。

汎神論というものが三つの下位類型を含むことは、従来の研究においても指摘されてきたことである。工藤喜作の論文「スピノザとヘーゲル」によれば、汎神論には次のような三類型がある。[8] すなわち、(a)万物即神論、(b)全体即神論、(c)その他、である。(a)が「内在」型汎神論、(b)が「超越」型汎神論に相当すると考えてよいだろう。ヘーゲルはスピノザの汎神論を(b)であると批判し、自分の説こそ――(a)でも(b)でもない――(c)であると主張した。しかし、工藤によれば、こうした批判はヘーゲル自身の誤解に由来し、スピノザの神も「内在的超越」型である以上、(c)の汎神論に含めなければならない（もちろん、同じ(c)であっても、スピノザとヘーゲルには違いがある）。このように考えれば、西田の世界観も、スピノザと同様、(c)のタイプの汎神論に含まれることは明らかである。

一方、高山岩男も『哲学とは何か』の中で汎神論の下位類型について言及している。[9]高山によれば、真の汎神論とは絶対者が「内在」と「超越」の両側面を併せ持ち、矛盾的論理（すなわち弁証法論理）に立脚するものでなければならない。これに対して、「内在」型汎神論や「超越」型汎神論は、日常的な同一性論理にもとづいた不完全な汎神論だということになる。その上で高山は、真の汎神論は、絶対者を「絶対無」や「空」とする哲学に見られ、大乗仏教の空観などがその好例であると主張する。当然、西田哲学も――高山自身は明確には述べていないが――こうした真の汎神論に含まれることは明らかであろう。

ただし、高山は、スピノザの汎神論を幾何学的な同一性論理にもとづく不完全な汎神論の側に含めている。しかしこれは、工藤論文の説くように、スピノザに対する誤解といわざるをえない。実際、現実の世界の真相が矛盾的論理にもとづくことを仮に認めるとしても、そこに到達するための推論が日常的な同一性論理であることは可能でもあり必要でもある。それゆえ、スピノザの議論が幾何学的な論証のスタイルをとっていることと、結果としての彼の世界観が「内在的超越」型の矛盾的論理であることとは、十分に両立しうる問題である（詳細は、第六章の「五」を参照）。

## スピノザの汎神論との関係

『善の研究』における神の説明として、先に、水波の比喩を援用した。水波の比喩は、西田の高弟である久松真一が「絶対矛盾的自己同一」を解説した際にも用いている[10]。ただし、『善の研究』の中には水波の比喩は出てこない。西田自身が水波の比喩を用いるのは『哲学概論』においてスピノザの汎神論を解説する際である（巻十四・二八〇）。従って、西田の世界観を汎神論と捉え、水波の比喩を正当化するためにも、西田説が汎神論者スピノザの世界観と整合することが証明されなければならない。

その場合、『善の研究』の段階において、西田自身が自説とスピノザ哲学とを一体視していたことは、次の三点から推測することができる。

(1)『善の研究』ではたびたびスピノザに言及しているが批判的なものは認められない。
(2)「神の属性は無限である」というスピノザ独特の世界観さえ、『善の研究』の中では当然のように受け入れられている[11]（巻一・一五二）。
(3)西田が二〇歳代に書いた英語論文に「神に関するスピノザの概念（『エチカ』第一部より）」（巻十一・四一九以後）というものがあり、そこでスピノザの汎神論が紹介され、論評されている。それを読むと、スピノザ説はきわめて高く評価され肯定されていることが分かる。唯一、批判されている点は、スピノザ説に含まれる「神の存在論的証明」である。しかし、西田自身は引用

「一」「二」のような形で神（統一的或者）の存在を証明しているので、仮にスピノザの「神の存在論的証明」を却下したとしても、世界観としてのスピノザ説を否定することにはならない。確かにこの論文は『善の研究』より二〇年近く古いため、決定的な証拠とはいえないが、後年の著作ではスピノザの汎神論を「超越」型であるとして批判する西田が、『善の研究』に先立つこの論文の中ではその種の批判を出していない点は注目すべきである。

スピノザ説が汎神論であることは明らかであり、西田自身も「神に関するスピノザの概念」の中でそのように紹介している。そして、『善の研究』の世界観がスピノザ説と重ね合わせうるものである以上、前者を汎神論と呼ぶことも容認されてしかるべきである。(12)

そもそも『善の研究』の中で、西田は、スピノザ、ベーメ、プロティノス、ウパニシャッドなどに言及しているが、批判的な言及は現れない。これらの思想は、後年の論文や書簡の中ではすべて批判されることになるが、『善の研究』の段階では一切批判されておらず、むしろこうした前例を多数取り上げることで自説の妥当性を傍証しようとしているように思われる。これらの思想はスピノザ説を始めとしてすべて汎神論の一種であり、西田自身の説も含めたこれらの全体が、まさに汎神論として捉えられていたことが理解できる。

### 補足的根拠

最後に、『善の研究』の世界観が汎神論であることの根拠を補足しておこう。

(1)『善の研究』第四編の第二章（巻一・一三八以下）では「神」に関する捉え方に有神論と汎神論の二つがあると述べられており、そのうち、汎神論が弁護され、有神論が厳しく批判されている。第三の可能性があるとはどこにも述べられていない。このことは西田自身が汎神論を支持していることを表している。

(2)『善の研究』の一四二頁には「神と宇宙との関係は芸術家とその作品との如き関係ではなく、本体と現象との関係である。宇宙は神の所作物ではなく、神の表現 manifestation である」とあり、一五四頁には「万物は神の表現であるといふ如き汎神論的思想に対する非難は」云々とある。両者をつなぎ合わせれば、「宇宙（万物）が神の表現である」という西田自身の世界観が、まさに「汎神論（的思想）」であることが、文面上からも確認できる。

## 三　『哲学概論』

### スピノザ批判

『哲学概論』においては、第一編第二章第三節の「I　宗教の本質」の中で西田自身の世界観が表明される。そこでは、個物的世界の「存在の根拠」である神が、「生命」（永遠の生命、真の生命、大なる生命）といいかえられているが、いずれにしても、『善の研究』第四編の延長として読めるものばかりである（ただし、「汎神論」という語は使われていない）。

それでは、スピノザの汎神論はどのように扱われているだろうか。西田は、本書の第三編で形而上学の分類を試み、まず、真実在の数に関して一元論、二元論、多元論を区別している。もちろん、スピノザの汎神論は一元論に相当する。しかし、一元論には、多様な現象世界が永遠不変の唯一実在からいかにして現れうるのか、という難問が付随する。この点を指摘することで、西田は初めてスピノザの世界観を批判することになるわけである。(13) こうした問題は、汎神論を「超越」型汎神論として捉える場合に現れる問題である。従って、この時点で、西田がスピノザの汎神論を「超越」型汎神論としてイメージしていたことが明らかになる。

## 動的モニズムから絶対無へ

西田はまた、真実在の質に関して唯物論、唯心論、モニズムを区別する。モニズムとは、精神と物質の両方が、根源の「一者」から生成するという考えである。モニズムはさらに静的モニズムと動的モニズムとに分類され、スピノザ哲学は静的モニズムに属するものとされるが、すでに述べた一元論と同じ難点を免れることができない。これを克服しようとするのが、プロティノスやヘーゲルに見られる動的モニズムであり、そこでは絶対的一者が多様な現象世界に生成発展するものとしてイメージされている。しかし西田は、こうした動的モニズムにも満足できないと考え、第三編の最後で自己の世界観を披露することになる。

七　哲学の最後の立場は動的モニズムと静的モニズムが結びつくところにあると考へる。真の実在はどこまでも動的に発展すると共に、またどこまでも静的に不変不動のものである。真の生命は単にベルグソンの云ふ如く無限に流れるだけのものではなく、同時にあくまでも流れないものである。(中略)それは絶対に述語となつて主語とならぬものであるから、更にそれを他の述語で規定し得ないもの、即ち絶対無であらう。私はこのやうに(中略)述語の側に超越することによつて同時に主語の側に超越することもでき、そこに真実在に触れ得ると思ふのである。

(巻十四・三二四)

結局、絶対無と呼ぶべき真実在は、無形相の絶対者であると同時に生成展開する現象世界そのものである。これは、『善の研究』における神のイメージ(AかつC)と変わることはない。(14) つまり、西田は、スピノザ哲学を「超越」型汎神論として批判的に見るようになるものの、自分自身の世界観は、以前と同様、矛盾をはらんだ「内在的超越」型であり、その点では不変であると考えることができる。

## 四 「デカルト哲学について」および「場所的論理と宗教的世界観」

### 無と有との絶対矛盾的自己同一

一九三〇年代以後の後期西田哲学において、「内在」かつ「超越」のような矛盾をはらんだ関係は、「絶対矛盾的自己同一」や「逆対応」という術語によって、より一層明確に主題化された。こうした「絶対矛盾的自己同一」は、「時間と空間」「主観と客観」「全体と部分」などのさまざまな関係に対して適用されるが、何よりもそれは、「かたちある現象世界の根柢にある絶対者」と「かたちある現象世界そのもの」とのパラドキシカルな関係に対して適用すべきものであろう。(15) 実際、論文「絶対矛盾的自己同一」の一段目（巻八・三六七）や、次に掲げる「場所的論理と宗教的世界観」（以下、「宗教論」と称する）の記述は、（絶対）矛盾的自己同一の、そうした用例を示していると考えられる。

八　絶対の自己否定を含み、絶対の無にして自己自身を限定する絶対者の世界は、何処《どこ》までも矛盾的自己同一的に自己の中に自己を表現する、即ち自己に於て自己に対立するものを含む、絶対現在の世界でなければならない。（巻十・三三五）

このように、『善の研究』以来の世界観は、「無（一）と有（多）との絶対矛盾的自己同一」として、変わることなく継承されているといえる。

## スピノザ哲学の再評価

次に、「デカルト哲学について」の中から、スピノザに対する論評を引用してみたい。

九　スピノザ哲学は、デカルトの実体から出立して、その主語的論理の極に達したものと云ふことができる。此《ここ》に至つて、全然我々の自己の独自性は失はれて、我々は実体の様相となつた。（中略）斯《か》くして我々の自己の自覚が否定せられると共に、神は対象的存在として我々の自覚の根柢たる性質を失つた。最も具体的たるべき神は、最も抽象的にカプト・モルトゥムとなつた。（巻十・一二七）

十　「何にても有るものはすべて神に於てあり、神なしに何物も有ることも理解することもできない」といふスピノザの、それ自身に於てあり、それ自身によつて理解せられる神は、絶対矛盾的自己同一的に自己自身を限定する絶対現在、或は絶対空間と云ふべきものでなければならない。それは無基底的基底として、歴史的世界の基体と考ふべきものである。斯くしてスピノザ哲学に新なる生命を与へることができるであらう。（巻十・一三五）

引用「九」は、スピノザ哲学を「超越」型汎神論と捉えた場合の、ヘーゲル以来の伝統的な批判を繰り返したものである。すなわち、神がこの世界から「超越」したものであるとすれば、神を真実在と見なす以上、世界や自己は非実在になってしまう（無世界論）。逆に、世界の側から見れば、神はこの世界とかかわりのない無意味な死物と化す。しかし、引用「十」を読むと、スピノザの汎神論を、絶対矛盾的自己同一の「内在的超越」と捉え直すことによって、それに「新なる生命を与へることができる」と主張されている。ここには、スピノザに対する西田の根強い親近感が表れていると考えてよい。

## 万有神教と万有在神論

「宗教論」の中の次の一文は、最晩年における西田の世界観を端的に表現している。

十一　何処までも超越的なると共に何処までも内在的、何処までも内在的なると共に何処までも超越的なる神こそ、真に弁証法的なる神であらう。（中略）私の云ふ所は、万有神教的ではなくして、寧《むしろ》、万有在神論的 Panentheismus とも云ふべきであらう。併し私は何処までも対象論理的に考へるのではない。私の云ふ所は、絶対矛盾的自己同一的に絶対弁証法的であるのである。ヘーゲルの弁証法も、尚《なお》対象論理的立場を脱してゐない。左派に於て、万有神教的にも解せられた所以《ゆえん》である。（巻十・三一七）

この中で否定されている「万有神教（的）」とは、ヘーゲル左派と関連づけられることからも分かるように、「内在」型汎神論（工藤論文における「万物即神論」）を指している(16)。従ってそれは、「内在的超越」型を含めた広義の「汎神論」そのものではない。

それでは、この箇所で述べられている西田の世界観は汎神論なのかそうではないのか。万有在神論

Pantheismusである以上、汎神論Pantheismusとは区別しなければならないとすれば、ここでの西田説はもはや汎神論ではない。しかしながら、万有在神論とは「世界が神の中にある」という考えである。これは、「デカルト哲学について」の中でも引用されているスピノザのテーゼ「有るものはすべて神に於てあり、神なしに何物も有ることも理解することもできない」(『エチカ』第一部定理15)と一致しうるものである(巻十・一二七)。つまり、スピノザの汎神論を「内在的超越」型と理解する限りそれと矛盾するものではなく、当然、『善の研究』以来の西田の世界観とも連続しているわけである。変化したのはあくまで名称であって内容ではない(17)。

## 五　結　論

『善の研究』第四編において西田が提唱した神は、スピノザの神(実体)と同様、世界に対して「内在的超越」の関係にある汎神論の神であった。また、『善の研究』では「超越」型汎神論に関しては特に言及されていないが、「内在」型汎神論は否定されている。

しかし、一九二〇年代に入り、西田はスピノザの汎神論を「超越」型汎神論と見なして批判するようになり、「内在的超越」である自説とは区別するようになる。同様に、『善の研究』では自説と一体視されていたプロティノスやヤコブ・ベーメなども次第に批判されるようになる。そのため、スピノザやプロティノスの名前と強く結びついた「汎神論」という言葉も、自説に対して用いることは避けざるをえなくなる。

最晩年の論文においても、西田は『善の研究』以来の「内在的超越」というイメージで絶対者を考えている。その上で、「デカルト哲学について」ではスピノザの「超越」型汎神論が批判され、「宗教論」ではヘーゲル左派の「内在」型汎神論（万有神教）が批判されている。そして「宗教論」の中では、「超越」型汎神論と強く結びついた「汎神論」という言葉に代えて――意味的には「内在的超越」型の汎神論と共通する――「万有在神論」という言葉で自説を表現するようになるわけである。

西田哲学が汎神論か否かを考える場合、西田自身の理解と、われわれの解釈とは分けて考える必要があるが、前者に関しては以上のようにまとめることができる。一方、後者の問いは、われわれ自身が汎神論をどう理解するかの問題であり、言葉の解釈によっていくらでも変わりうるものだ。その上で、あえて西田哲学を汎神論と呼ぶとすれば、その根拠は次のように整理することができる。

(1)西田の考える「内在的超越」型の世界観を汎神論の一類型と見なすか万有在神論と呼ぶかは名称の問題であって、意味的には区別できない。もちろん西田やスピノザやプロティノスの世界観は完全に同じではありえないが、そうしたさまざまな思想家のヴァリエーションを明確にするためにも、上位概念としての「汎神論」は積極的に使われるべきである。

(2)ある時期以後の西田が汎神論という名称を避けたのは、汎神論者といわれるスピノザの考えを「超越」型と見なし、それと自説を区別するためであった。しかしながら、工藤論文によれ

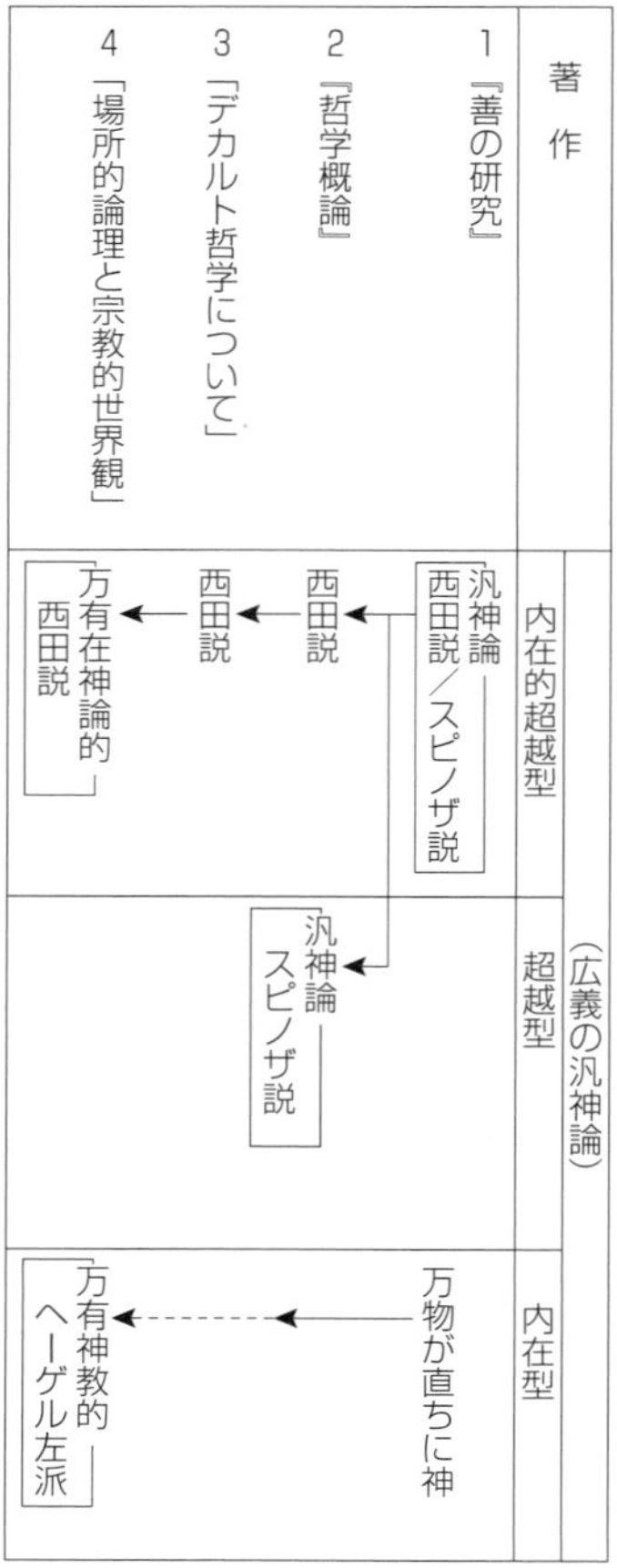


図１　西田の著作に見られる西田説，スピノザ説，「汎神論」の相互関係

ば、スピノザ哲学を「超越」型と見なすこと自体が誤解であり、もしそうであれば、この点に関する限り西田の世界観とことさら区別する必要は認められないことになる。（また、西田は、プロティノスのような「動的モニズム」に対しても、矛盾の論理が不徹底であると考えて距離を置こうとするわけだが、そうした批判がそもそも妥当かどうかも疑う余地があろう。[18]）いずれにしても、「超越」型以外の汎神論の用例がある以上、「汎神論」が西田説を含みうるような多義性を持つことは否定できないといえる。

以上の考察から、ここで検討した四つの著作にもとづき、西田の世界観を大枠において汎神論と捉えることは、十分妥当な解釈であると考えたい。

**【補注】**

（1）第一部の各章から分かるように、西田哲学は、初期（『善の研究』）と後期の連続性が強く、それに対して、中期（場所の階層説）は孤立している。しかも、中期は論文ごとの試行錯誤が激しく、不可解で混乱した議論も多い。それゆえ――思想形成の歴史的復元ではなく――西田哲学全体を整合的に解読しようとする本書の目的からすれば、中期（階層説）は極力除外するのが望ましい。ただし、初期と後期をつなげて西田哲学のアウトラインを構想したとしても、それが中期の議論と積極的に矛盾することはないと思われる。

（2）西田のその時々の主観的意図が何であれ、哲学としての西田哲学の主題は、「われわれの経験する世界が、経験通りに成り立つための形而上学的条件の解明」であった。絶対者というものも、意識と意識がかかわり合えるための必要条件として、引用「一」「二」のように推論された結果であり、いわば一種の「論理的要請」である。「一」「二」は『善の研究』からの引用だが、後期の論考でも、「物と物とは空間を媒介として相働く」「物理現象が空間の歪」（巻六・二四〇）、「物力は空間的なものの変化」（巻八・三六七）といった物理学的知見（おそらく、一般相対性理論）が例に挙げられ、同様の説明が繰り返される。従って、西田の絶対者思想を天下りの独断であるとする田辺元の批判や、『善の研究』第四編を単なる宗教体験の記述と考える説は誤りである。

ただし、思想形成史的にいえば、論理的に推論するといっても、スピノザやヘーゲルや『大乗起信論』を西田があらかじめ知っていたことは事実であり、禅体験が影響したことも否定できない。だからこそ宗教論として成り立っているともいえるが、そうした点が、西田の記述が独断的な印象を与える原因である。しかし、西田にとって、哲学は「宗教を説明するもの」であり、そうである以上、宗教自体が「所与の体験」だとしても、哲学が単なる天下りの独断であることはありえない（第六章の「四」参照）。

（3）［朝永］一六三〜七一頁。

（4）引用「一」「二」のような理由で「神」を考えることが、Aを導入することに、どうつながるのか（Cだけで十分ではないか）。この点に関して、西田は何も説明していない。それゆえ、Aの導入は、プロティノスの「一者」、スピノザの「実体」、ヘーゲルの「有」、大乗仏教の「無」「真如」などを踏襲しただけのようにも見える（中期の西田哲学では、一般者に関する論理分析によって絶対無を説明しようとするが、必ずしも説得的ではない）。われわれの経験に秩序と統一を与える「かたちの根拠」として、姿なき「主体」が考えられ、それがAに転化したのかも知れない。また、事物を結びつける空間ないしは「媒質」のようなものとして「神」がイメージされ、それが、事物の中に遍在するがゆえに「無」であると考えられたのかも知れない。本書自身の立場は第九章の「四」で後述する。

一方、引用「四」において、絶対者のことを「見ることもできず、聞くこともできぬ、全く知識の対象となることはできぬ」と述べていることは重要である。つまり、知識の対象にならないということは、見たり聞いたりするような知覚（あるいは、感覚・想像）が不可能だということであり、概念的判断は必ずしも否定されていないからである（現に、『善の研究』でも絶対者について概念的に説明している）。一方、宗教体験はある種の感覚（知覚）だが、概念的判断の対象ではない。この意味で、哲学と、禅の瞑想体験のような宗教体験とは正反対の関係にあるといえる。

（5）従来の研究においても、この時期の西田の世界観に関しては「スピノザも西田もともに汎神論の立場に立っている」と解釈されている。［小坂a］一二一頁。

（6）西田は、「内在かつ超越」の絶対者を説明するために、鎌倉時代の禅僧・宗峰妙超の「億劫相別れて須臾《しゅゆ》も離れず、尽日相対して刹那も対せず」という偈を繰り返し引用している。

（7）この種の汎神論否定説としては、［石神］一九五頁以下がある。ただし、有神論の神にも「内在」の側面がないわけではない。たとえば、創造主である神が被造物の中に反映されると考える場合や、キリスト教の三位一体説で世界超越的な神が救世主や聖霊としてこの世界に現れると考える場合である。こうした有神論は「超越的内在」と呼ばれ、汎神論の下位類型である「内在的超越」とは区別される（巻十・三六六）。（神と人間との関係が一方向的か双方向的かで両者を区別する場合もある。）

ちなみに、西田哲学における「内在」と「超越」は、次のような三段階に変容する。

1　客観を「超越」、主観を「内在」と呼ぶ場合。

2　1を受けて、有神論を「超越」的、汎神論を「内在」的と呼ぶ場合。

3　汎神論の下位類型としての「内在的超越」、有神論の下位類型としての「超越的内在」のように、下位類型レベルでの「内在」と「超越」。

この場合、汎神論としての「内在的超越」は、さらに次のような二種類に分類できる。

3a　絶対者が現象世界と一体であることを「内在」、現象世界の何ものでもない「無」であることを「超越」と呼ぶ場合。

3b　絶対者が意識（内面）の根柢に「真の自己」として見いだされることを「内在」、個我を超えた普遍的実在であることを「超越」と呼ぶ場合。この場合、汎神論の神は内面的にイメージされる場合と宇宙論的にイメージされる場合とに分かれ、インド哲学のアートマンとブラフマンは好例だが、西田哲学でも両面を含んでいる。また、中国の洪州禅は内在志向、荷沢禅は超越志向といわれ、宋儒や西田哲学は後者の延長上にあるともいわれる［井上ａ］。

（8）［工藤］。また、［小阪］の、スピノザ哲学に関する解説の挿絵には、鍋やパンツやおもちゃが描かれている。スピノザ哲学を内在的汎神論と解した場合、そうした事々物々がまさに神だということになり、そのことを揶揄したイラストだと思われる。ヘーゲルも、個々の事物がそのまま神であるという「内在」型汎神論を、いまさら批判するまでもない幼稚な思想と考え、彼の汎神論批判はもっぱら「超越」型汎神論に向けられていた。しかし、中国や日本のような東アジア文化圏においては、「内在」型汎神論こそが、具体性のある真にリアルな世界観だと考えられた。絶対者とは何かという問いに対して「庭の柏の木」といった卑俗な物の名で答える禅問答や、「山川草木悉皆成仏」という思想、俳句や俳画の写実精神、現代美術の「もの」派などに、そうした傾向が反映されている。（そのように、絶対者を具体的な「物」の側に見て、「我」を「物」に融合させる発想も東アジアの特色であり、「草木成仏」という思想もインドにはほとんどなく、東アジア特有のものである。［松本］二六五頁。）

（9）［高山］第一八章。如来蔵思想にもとづく東アジア仏教では、無（A）と有（C）の矛盾は常に自覚されていた。天台哲学でも、不変真如と随縁真如がAとCを表している。

（10）［久松］三二～五頁。ただし、西田の原意では、「AとCが別異であること」が絶対矛盾、「AとCが同一であること」が自己同一である。それに対して久松は、Cを絶対矛盾、Aを自己同一と解している。また、水波の比喩は、中国思想に特有の「体・用《ゆう》」論理を表すものとして言及される場合もある（［井上b］第一部第四章参照）。

（11）ただし、第三章で論じるように、西田にとって実在する現象は意識現象だけであり、その意味で、「神の属性」は一つだけである。つまり、神の属性が無限であるというスピノザ説を西田が真剣に受け入れていたわけではない。

（12）「神に関するスピノザの概念」ではスピノザはまさに絶賛されており、一九〇〇年の小篇「ベネヂクトス、スピノーザ」でも、「スピノーザの一生は高潔にして一点の俗気なく寂寥たる一生挙げて之れを真理の研究に費せり」（巻十一・六二）と記されている。ただし、「汎神論」という言葉は一八世紀以後のものであり、スピノザ自身の用語ではない。

（13）『哲学概論』所収の講義とほぼ同時期の論文「場所」の中には、スピノザ哲学を「内在」型汎神論と捉える次のような批判が現れる。「すべての実在を包含するスピノーザの本体といへども、尚《なお》無に対する有であつて、すべて有るものを含むことができるとするも、否定的意識作用を含むことはできない」（巻三・四三四）。

（14）絶対者（無）から世界（有）が顕現するという事態は時間的な変化ではないが、動的モニズムにおいても絶対者の生成は時間的な変化ではない場合が多い。荘子における絶対者と現象世界も、鏡面と映像のような「矛盾的自己同一」の関係にあるとされる。

（15）個物が相互限定（相互作用）するためには、それらを包む絶対者がなければならず、個々の個物が絶対者の上の「変異」であるということは、それらが、海の波や、電光掲示板の上の文字（光点）のように、リアリティーを持たないということである。しかしながら、現に相互限定している以上、個物には、当然、リアリティーがあるはずである。これが、論文「弁証法的一般者としての世界」（一九三四年）や「絶対矛盾的自己同一」（一九三九年）の冒頭で語られる、世界の根源的な矛盾（絶対矛盾的自己同一性）である。この矛盾は、個物のリアリティーそのものの矛盾だが、第四章でも触れるように、世界を形成する主体性が「個物にあり、かつ、個物にない」という意味での矛盾にもつながる。

（16）「対象論理」とは、「矛盾の論理（弁証法論理）」の対照語であり、この場合は、矛盾を含んだ「内在的超越」以外の残り二つの世界観に相当する。詳細は第六章「五」を参照。ちなみに、柳宗悦は、西田とよく似た汎神論を「万有神論」と呼び、芸術を論じる際には、より「内在」的なニュアンスで「万有神教」と呼ぶ（『柳』巻一、六二頁および四八五頁）。また、明治末から大正期の日本文学の傾向を、『槻木』序章は「汎神論ルネサンス」と呼んでいる。

(17) 西田を「万有在神論者」と呼ぶことに躊躇せざるをえない理由の一つは、それがあまりにもあいまいな概念だからだが、もう一つは、西洋哲学において、この言葉が「内在的超越」だけでなく、スピノザ的汎神論に対立する有神論（人格神）の復権という意味を含んでいたからである。そうした側面は、有神論を生涯否定し続けた西田には当然当てはまらない。詳細は、［山本］第九章「二」および第十章参照。同書によると、ユダヤ教有神論の信者であるM・ブーバーなども「万有在神論者」の中に含まれることになる。

一方、万有在神論は、panentheism のギリシア語の原義からしても、「万有ハ神ニ在リ」という漢語の訓読からしても、「万有が神の中にある」という意味である。従って、これを「万有に神がある」と読むのは正しくない。後者だと、万有がまず実在して、それに神が宿るという意味になり、ある意味で、内在型汎神論に近くなってしまう。

(18) 西田はプロティノスのような「動的モニズム」を「超越」型汎神論に引きつけて批判するが、「発出」の過程が超時間的である以上、「内在的超越」に含めることもできる（補注（14）、および［森本聡］参照）。実際、プロティノスにおける「発出」と「還帰」には、西田哲学同様、超時間的過程と時間的過程の両面がある（第六章の補注（9）参照）。

# 第二章　すべての経験は純粋経験である

## 一　はじめに

本章の課題は、『善の研究』（一九一一年）で述べられた「純粋経験」の概念が、行住坐臥のすべての経験に妥当するものであることを証明することである。

周知のように、同書の序文には「純粋経験を唯一の実在としてすべてを説明して見たい」（巻一・六）という西田自身の抱負が語られている。しかし、純粋経験の理解にはいまだに混乱が多く、混乱の原因は、次に掲げる引用「一」と引用「二」～「四」とが一見明らかに矛盾している点にある。

一　経験するといふのは事実其儘《そのまま》に知るの意である。全く自己の細工を捨てて、事実に従うて知るのである。純粋といふのは、普通に経験といつて居る者も其実は何等かの思想を交へて居るから、毫《ごう》も思慮分別を加へない、真に経験其儘の状態をいふのである。（中略）それで純粋経験は直接経験と同一である。自己の意識状態を直下[1]に経験した時、未だ主もなく客もない、知識と其対象とが全く合一して居る。これが経験の最醇《さいじゅん》なる者である。（巻一・九）

二　右にいつた様な意味に於て、如何なる精神現象が純粋経験の事実であるか。感覚や知覚が之に属することは誰も異論あるまい。併《しか》し余は凡《すべ》ての精神現象がこの形に於て現はれるものであると信ずる。（巻一・一〇）

三　純粋経験と思惟とは元来同一事実の見方を異にした者である。（中略）純粋経験は直《ただち》に思惟であるといつてもよい。（巻一・二一～二二）

四　純粋経験といふも単に知覚的意識をさすのではない。反省的意識の背後にも統一があつて、（中略）これも亦一種の純粋経験である。（巻一・一四八）

果たして、思惟（思慮分別）は純粋経験の一部なのか、そうではないのか？　この問題をめぐり、次に示すようなさまざまな解釈が行われてきた。

(a)　純粋経験の自発自展によって現れる思惟と、哲学的な反省的思惟とはタイプの違うものである。[2]

(b)　思惟は、厳密にいえば純粋経験ではないが、純粋経験が自発自展してゆく際の過程の一部としてこれに含めることも一応可能である。[3]

(c)　そもそも純粋経験は多義的な内容を含み、成立史的にも変動している。[4]

引用「一」にあるような「原初的な知覚」を仮に「狭義の純粋経験[5]」、「二」〜「四」にあるような「すべての精神現象」を「広義の純粋経験」と名づけよう。いうまでもなく、西田哲学を禅仏教の「宗教体験」に引きつけて解釈する「京都学派」的伝統には、「狭義一元論」への志向がある。しかし、「二」以下の引用にあるように、広義の純粋経験を無視することもできない。従って、(b)説のような二元論を一旦採用し、その内部で両者の兼ね合いを考えるというのが、従来の解釈論の通説であったといえる。

しかし、(成立史的研究ならともかく)解釈論として二元論を採ることは、いささか首尾一貫性を欠く。しかも、西田自身、一九一二年の論文「高橋(里美)文学士の拙著『善の研究』に対する批評に答ふ[6]」の中で次のように論じ、(a)や(b)のような解釈が純粋経験の真意ではないことを明らかに主張している。

五　余が第一編「純粋経験」に於て論じた所は、純粋経験を間接な非純粋なる経験から区別することを目的としたのではなく、寧《むし》ろ知覚、思惟、意志及び知的直観の同一型なることを論証するのが目的であつたのである。余は何処までも直覚と思惟とを全然別物と見做《みな》す二元論的見方を採るのではなく、この両者を同一型と見做す一元論的見方を主張したいと思ふのである。(巻一・二四二)

六　余の考を以上述べた様なものであるとすれば、氏(=高橋里美)の云はれる様に、すべてが純粋経験であつて、従つて之に程度上の差異をつけたり、厳密とか、不厳密とかいつたりするのは無意義のことなのであらう。(巻一・二四二)(括弧内・引用者)

本章の結論は、「思慮分別を含めたすべての経験が等しく真正な純粋経験であり、そこに二元論的な分裂はない」という「広義一元論」である。しかし、すべての経験が純粋経験であることと、それが、引用「一」にあるように「主もなく客もなく」「思慮分別をまじえない」こととは、いかにして整合的に理解できるのだろうか。その点の解明が本章の課題といえるが、われわれは、答えの手掛りとして、『善の研究』全編の結論ともいうべき「第四編　宗教」から検討を始めることにしたい。

## 二　証明1──「神」からの証明

### 自分自身を見る神

『善の研究』第四編は、宇宙の根本である「神」をめぐる考察である。前章で確認したように、「神と世界との関係は意識統一と其内容との関係である」(巻一・一五二)という西田の記述が、伝統的な「水波の比喩」を連想させ、次のような解釈図式を提示する。

A──現象世界の「存在」の根拠。無形相の「場」そのもの、意識統一。(比喩)海

B──現象世界の「かたち」の根拠。様態、世界、意識内容。(比喩)波

C――AとBとが重なり合った現実の現象世界の全体。(比喩) 波立った海面

神とは、矛盾をはらんだ「AかつC」の全体に他ならない。また、こうした神の観念は「神(A)が世界(B)を見る」という形でも表現される。その場合、Aは「見るもの、映すもの」であり、Bは「見られるもの、映されるもの」といいかえられる。(7)

現象世界を映画にたとえる時、かたちの根拠とは脚本やフィルムであり、存在の根拠とは、1スクリーン、2映写機の光源、3観客の視覚である。神(A)を「無形相の場所」と捉えるのは1のイメージであり、「世界を見るもの」(純粋主観)と捉えるのは3のイメージだが、存在の根拠という意味では、1も2も3も同じことのいいかえなのである。(8)

こうした構図を踏まえて、さらに次の引用文を見てみよう。

七　以上論じた様に、神は人格的であるといふも直《ただち》に之を我々の主観的精神と同一に見ることはできぬ、寧《むし》ろ主客の分離なく物我の差別なき純粋経験の状態に比すべきものである。(中略)我々の意識の根柢にはいかなる場合にも純粋経験の統一があつて、我々はこの外に跳出することはできぬ(第一編を見よ)。神はかかる意味に於て宇宙の根柢に於ける一大知的直観と見ることができ、又宇宙を包括する純粋経験の統一者と見ることができる。(巻一・一四八)

八　余は是に於てもベーメの語を想ひ起さずには居られない。氏は対象なき意志ともいふべき発現以前の神が己《おのれ》自身を省みること即ち己自身を鏡となすことに由つて主観と客観とが分かれ、

之より神及世界が発展するといつて居る。（巻一・一五二）

神は「純粋経験の状態」であり、「宇宙の根柢に於ける一大知的直観」であり「鏡」である。いいかえれば、神は世界を見るもの（A）であると同時に、（見るものと見られるものとを含めた）顕現する世界そのもの（C）である。その意味では、Aとは、「AかつC」をAの側から捉えたものであって、これが「純粋経験の根柢にある神」である。一方、Cとは、「AかつC」をCの側から捉えたものであって、これが「純粋経験としての神」である。[9]

通常、「私が物を見る」という場合、私が、私の外側にある物を見ることを意味している。しかし、西田の神は世界全体を包むものであるために、外側はありえない。「神には反省なく、記憶なく、希望なく、従つて特別なる自己の意識はない。凡てが自己であつて自己の外に物なきが故に自己の意識はないのである」（巻一・一四六）といわれる通りである。それゆえ、神が「見る」という場合には、外部の物ではなく、自分自身を見るしかない。神の「純粋経験」という表現には、そうした意味での「主もなく客もなく」が含意され、それが同時に、純粋経験というものの本質を表しているのである。

一方、世界全体は「純粋経験としての神」の内容であり、神には「外側」はない。それゆえ、われわれの「経験」もすべて例外なく、神の中に――「純粋経験としての神」の一部として――含まれていることになる（記号化すれば、全体Cと部分cの関係が、神と個人の関係である）。

九　神と我々の個人的意識との関係は意識の全体と部分との関係である。（巻一・一五四）

全体が純粋経験であり、その部分も――すでに述べた純粋経験の本質を共有するという意味で――やはり純粋経験である。それゆえ、われわれは、すべての経験が例外なく純粋経験であることを結論づけなければならない。

## 補足的考察

ただし、次のような疑問も考えておく必要があろう。すなわち、神の純粋経験という無限大の円の中に、われわれの個別的な意識が小円として含まれているわけだが、われわれが日々体験しているのは常に小円の方であって大円ではない。小円の外側の大円（すなわち、「今ここ」以外の他の意識現象）は一体どこにあるのか。『善の研究』では、それらは「今ここ」と意味的に結びついていると説明されるが、必ずしも明確ではない。後年の論文から遡って考えれば、小円の外側の大円は、その時々の小円の中（底）にたたみ込まれて顕現していることになる。だからこそ、私の意識の「底」に他者があり、現在の「底」に無限の過去と未来がある。こうした意味で、全体としての神の純粋経験が、主もなく客もなく、ただ自分自身を見ているように、個別的な純粋経験もまた、自他一致・主客一体の純粋経験なのである。[10]

また、次のような問題もある。すなわち、『善の研究』第二編から第三編にかけては、神が必ずしも「存在」の根拠ではなく、「かたち」の根拠としてイメージされており、そういう意味で神の観念には揺らぎが見られる。特に第三編では、「善」を「意識の統一力」である神の発現と捉え、それを

「人格の要求」といいかえた上で、次のように論じられる。いわく、「善行為とは凡て自己の内面的必然より起る行為でなければならぬ、曩《さき》にもいつた様に、我々の全人格の要求は我々が未だ思慮分別せざる直接経験の状態に於てのみ自覚することができる。（中略）人格其者を目的とする善行とは斯《かく》の如き要求に従つた行為でなければならぬ。之に背けば自己の人格を否定した者である」（巻一・一二三）。こうした記述は、善行為が特殊な行為であり、それに背く「悪」がありうることを主張しているように見える。そして、そのことがまた、純粋経験を特殊な経験であると見なす説に説得力を与える。

しかしながら、第三編の最終章では「深く考へて見れば世の中に絶対的真善美といふ者もなければ、絶対的偽醜悪といふ者もない。（中略）一面より見れば偽醜悪は実在成立に必要である」（巻一・一三一〜二）と記され、西田の議論は善一元論に還帰する。従って、「すべての経験が純粋経験である」ことは、ここでも否定されることはない。

## 三　証明2――意識現象の本質からの証明

### 主観と客観の多義性

ここで、『善の研究』における「主観・客観」の用例を三通りに分類しておこう（詳細は次章で改めて論じる）。

第一は、かたちある現象が生起する場合に、それを「見る作用」と「見られる対象」とに分析した場合の主観と客観である。これを、「作用と対象としての主観・客観」と呼んでおく。無である「神」が、自己を鏡となして、自分自身を見るという引用「八」の表現は、この意味での「主・客」分節を表している。しかし、「現前の意識現象と之を意識するといふこととは直《ただち》に同一であって、其間に主観と客観とを分つこともできない、事実と認識の間には一毫《いちごう》の間隙《かんげき》がない」（巻一・四一）という場合には、この意味での「主・客」分節が端的に否定されていると考えられる。

第二に、「机の上が見える」という意識現象（純粋経験）と「窓の外が見える」という意識現象と「黒板が見える」という意識現象とが連続して生起した場合を考える。あたかも、「心」を持った主体が持続的に存在し、それが「机の上を見て、窓の外を眺めてから黒板に目をやった」かのように意識されるだろう。こうした「心」（自我）を「構想された主観（精神）」と呼ぼう。一方、「此処《ここ》に一のランプが見える、此が自分のみに見えるならば、或は主観的幻覚とでも思ふであらう。唯《ただ》各人が同じく之を認むるに由りて客観的事実となる。客観的独立の世界といふのは此の普遍的性質より起るのである」（巻一・五五）と主張され、こうして成立する（周囲から見られた）物体のイメージを「構想された客観」と呼ぶことにする。『善の研究』の中では、「色を見、音を聞く刹那」の原初的な知覚（狭義の純粋経験）や自然なままの子どもの意識においては、こうした「構想された主観・客観」はほとんど生起せず、思慮分別が盛んになり意識内容の矛盾対立が激しくなるにつれて、「客観的自然より区別せられた自己の心なる者を自覚する様になる」（巻一・七三）と説明されている。

第三は、「意識内容から切り離された、何ものでもない意識そのもの」としての主観と、「知覚されることから切り離された、色も香もない物そのもの」としての客観である。この意味での「主・客」は「極限概念としての主観・客観」であり、いかなる場合でも実在しないと西田は考える。

## 〈主もなく客もない〉ということ

すべての意識現象（広義の純粋経験）が「作用と対象」または「極限概念」の意味で「主もなく客もない」。そして、狭義の純粋経験は「構想された主・客」の意味で「未だ主もなく客もない」。『善の研究』第二編第三章などを読むと、両者が混在して現われている。こうした多義性が、純粋経験の理解を混乱させてきた原因の一つである。

「主もなく客もない」純粋経験を狭義の純粋経験と見なし、純粋ではない通常の経験と対比させることは、「主・客」をもっぱら「構想された主観・客観」として捉えることである。しかし、「構想された主観・客観」は、意識現象の〝内容〟ではあるものの、あくまで仮象である。なぜならば、「構想された主観・客観」は「極限概念としての主観・客観」を本質的に予想させるが、後者は実在しないからである。従って、狭義の純粋経験（だけ）を純粋経験と見なすことは、仮象に過ぎない「構想された主・客」が未成立であることを純粋経験の本質と見なしている。（しかし、いうまでもなく、仮象の有・無によって経験の本質が根本的に変わるわけではない。）

## 四　証明3――意識内容からの証明

### 〈思慮分別を加へない〉ということ

次に考察しなければならないのは、引用「一」が、「毫《ごう》も思慮分別を加へない」特別な経験だけを純粋経験だと主張しているように読めることである。そこで仮に、「それに対して思慮分別を加えられていない経験が純粋経験である」と定義する。そうすると、次のような意識内容を持った意識現象は、純粋経験といえるだろうか。

**意識現象1**〔♣〕
**意識現象2**〔♣はクローバーである。〕
**意識現象3**〔♣はクローバーである、と私は考えている。〕

1は純粋経験である。「♣」に対して思慮分別が加えられていないからである。しかし、2の場合の「♣」は純粋経験ではない。なぜならば「～はクローバーである」という思慮分別が加えられているからである。しかしながら、意識内容2の全体は純粋経験である。なぜならば、意識内容2そのものは思慮分別を加えられていないからである。

次に、3の場合の「♣はクローバーである」は純粋経験ではない。なぜならば「～と私は考えている」という思慮分別が加えられているからである。しかしながら、意識内容3の全体はやはり純粋経験である。なぜならば、意識内容3そのものは思慮分別を加えられていないからである。このように考えれば、意識内容が1→2→3と展開しても、そのすべてが純粋経験であることは明らかである。このことは、引用「一」が、「すべての経験が純粋経験である」という結論に対して、何一つ矛盾しないことを表している。

こうして、われわれの経験の中に「純粋経験である経験」と「そうではない経験」の二種類があるわけではないことが理解される。一つの意識現象を全体として捉えれば、それは常に純粋経験であり、その中の「内容（の一部）」を指す場合に限り、「それは純粋経験ではない」ということが可能になる。(11)（卑近な例を挙げれば、テレビに映った夕日は実在ではないが、テレビの画面そのものは実在である、というようなものである。西田のターミノロジーでは、前者が「意識」、後者が「意識現象」と名づけられる。）

先の例の場合、意識内容1は、意味内容上緊密な統一をなしている。それに対して2や3は多様な要素を中に含んでいる。しかし、純粋経験があくまでも全体を一つの現象として捉えるものである以上、やはりそれらも一まとまりのものといわねばならない。純粋経験の内容が統一か不統一かは程度の問題であると西田が述べるのも、こうした点に起因する（巻一・一四）。

また、昨日の夕日を思い出す場合、思い出される「昨日の夕日」は今となっては間接経験だが、「思い出す」という出来事自体（意識現象）は現在の直接経験である。純粋経験かどうかの最も端的な基準は――引用「一」が明言し、かつ引用「五」が示唆するように――こうした間接経験・直接経験の区別にあるというべきである。

## 〈純粋経験〉論の総括

以上を踏まえて、『善の研究』全編の構成をまとめれば、次のようになる。

第一編は、W・ジェイムズの「純粋経験」概念の発展的継承である。冒頭で、「未だ主もなく客もなく」「思慮分別を内容として含まない」原初的な知覚が、狭義の純粋経験として提示され、次いで、より複雑な内容を持った思惟や意志や知的直観も――すべて現在の直接経験（意識現象）である点で――同一形式の「純粋経験」と見なされる。〈意識内容からの証明〉は、その論旨を抽出したものである。

第二編では、バークレイ型の意識現象一元論が批判的に受容される。それは一種の唯心論であり、物理的な外界が否定され、物心二元論も仮象と見なされる結果、すべての実在は知・情・意一体の意識現象（すなわち、広義の純粋経験）であることが主張される。〈意識現象の本質からの証明〉は、その点を踏まえたものである。

第二編の後半から第四編にかけては、意識現象一元論を前提としてスピノザ型の汎神論が導入され、すべての経験が「主もなく客もない」純粋経験であることが最終的に確認される。そこでは、すべてが「主もなく客もなく」ただ自分自身を見ている神の純粋経験の一部と考えられる（しかも、「今ここ」以外の意識現象さえ、必ずしも「自己の外部」とはいえない）。「二」で論じた〈神からの証明〉は、この部分を総括したものである。

## 五　結論――純粋経験概念の意義

〈神からの証明〉と〈意識現象の本質からの証明〉は、すべての現象が純粋経験であって、主・客一体であることを示し、〈意識内容からの証明〉は、すべての経験が純粋経験であって思慮分別をまじえないことを示している。そして、すべては、宇宙を直観する「神」の純粋経験の「部分」である。さらに、西田は、自分自身が「神」の一部であることを直観的に自覚する純粋経験が可能であることを主張する。これが「宗教体験」とか「心霊的経験の事実」と呼ばれるものである。それは、いわゆる知的直観の一種だが、思慮分別を内容として含まない点で「狭義の純粋経験」の特殊なケースと考えることができる。しかし、ピアノを弾いたり崖をよじ登ったりすることが直ちにこうした宗教体験ではないように、狭義の純粋経験の中でも――また、知的直観の中でも――きわめて特殊な例といわなければならない。[12] こうした宗教体験を、西田は次のように表現する。

十　然るに元来無限なる我々の精神は決して個人的自己の統一を以て満足するものではない。更に進んで一層大なる統一を求めねばならぬ。(中略) 而して宇宙の統一なる神は実にかかる統一的活動の根本である。我々の愛の根本、喜びの根本である。神は無限の愛、無限の喜悦、平安

である。（巻一・八二）

十一　神は我々の個人的自己のやうに具体的統一である。即ち一の生きた精神である。（中略）我々の意識の底には誰にもかかる精神が働いて居るのである（中略）。例へば詩人のテニスンの如きも次の如き経験を持つてをつた。氏が静に自己の名を唱へて居ると、自己の個人的意識の深き底から、自己の個人が溶解して無限の実在となる、而《しか》も意識は決して朦朧たるのではなく最も明晰確実である。此時死とは笑ふべき不可能事で、個人の死といふ事が真の生であると感ぜられるといつて居る。（中略）或《あるい》はかかる現象を以て尽《ことごと》く病的となすかも知らぬがその果たして病的なるか否かは合理的なるか否かに由つて定まつてくる。余が嘗て述べた様に、実在は精神的であつて我々の精神はその一小部分にすぎないとすれば、我々が自己の小意識を破つて一大精神を感得するのは毫《ごう》も怪むべき理由がない。（巻一・一四九〜五〇）

引用「十一」の後半は、宗教体験が汎神論哲学によって説明され、合理化されるものであり、そうでなければ病理現象と区別しがたいものであることを示している。一方、哲学自体は概念的な思惟の産物だが、そうした思惟が、瞬間ごとのバラバラな思いつきではなく、持続的な「意味」の流れでありうる所以《ゆえん》は、それがまさしく自発自展する純粋経験だからである。思惟することが純粋経験だからこそ、哲学は妥当なものとして成立し、それがまた宗教体験の真理性をも保証する。こうして、純粋経験の哲学は、自分自身を正当化する自己完結したループを形成することになる。(13)

さらにいえば、行住坐臥のすべての経験が純粋経験であることと汎神論とは表裏一体の関係にあり、そうした汎神論を前提にするからこそ宗教体験も重大な意味を持つ。いわゆる狭義の純粋経験だけを――まして特殊な宗教体験だけを――「真の純粋経験」と見なすことは、西田のこうした世界観の構造から考えても、適当ではないといわざるをえない。

最後に、純粋経験があくまでも日常的な心理現象であり、決して特殊な体験だけではないことを示す西田自身の記述を引用しておこう。（以下、傍点・引用者）

十二　併し純粋経験説の立脚地より見れば、我々は純粋経験の範囲外に出ることはできぬ。（巻一・二四）

十三　純粋経験といふ事は、心理学の内的経験といふ意味であつて今の私の考へからすれば不十分であるが、その考を推し進めたものが今述べた非連続の連続、絶対の他の結合の考になつたと考へてもらつてよい。（「実在の根柢としての人格概念」一九三二年、巻十二・二四七）

十四　すでに三十年近く以前に考へた『善の研究』と、唯今の考とは違つてゐるのであるが、『善の研究』で述べた純粋経験といふものはつまり我々の日常の経験から出発したものである。それは我々の日常の経験である。普通に経験科学といふやうなことを云ふが、経験科学となれば、それはすでに学問化されたものである。併し其の以前の直接な思想の細工を加へないものが基であつて、我々は其処から出発して其処へ帰らねばならぬ。『善の研究』ではこの純粋経験は何であるかといふことから出発して一種の世界観人生観を考へたわけである。だから我々の日常の体験から出発したと言つてよいのである。（「歴史的身体」一九三七年、巻十・三四四）

もとより、『善の研究』の序文にある「純粋経験を唯一の実在としてすべてを説明して見たい」という文も、純粋経験が日常生活における唯一の実在であり、それが「すべて」を包含することを意味していることは明らかである。(14)

**【補注】**

（1）引用文中の「直下」を「ぢきげ」と読む説があるが、次の理由で首肯できない。

(a)「直下」を「ぢきげ」と読むことは禅仏教を前提にした読み方である。しかし、禅語の引用でもない通常の文中でかかる読み方をすることは、西田哲学を禅仏教と同一視することであり、『善の研究』の思想的ルーツを禅と西洋哲学の「両方」に認めていた西田自身の理解と矛盾する（［森本孝治］六〜七頁）。

(b)『善の研究』は西田が坐禅修行に熱中していた時期に最も近い著作だが、それにもかかわらず、禅体験の記述は全くなく禅語の引用も極端に少ない。しかも、全編を通じてキリスト教や西洋文化への言及が多く、明らかにそれは意図的である。それゆえ、本文冒頭の「直下」を禅語風に「ぢきげ」と読むことは、あまりにも唐突であろう。

（2）［上田b］二七八〜九頁。

（3）［小坂a］三七頁。
（4）［平山］Ⅱ・第二章の2と7。
（5）いわゆる「知的直観」は、「原初的な知覚」ではないが、思慮分別や矛盾対立を含まない高度に統一された意識という意味で、狭義の純粋経験に含めておく。
一方、西田哲学が禅仏教の強い影響下に生まれたことは明らかだが、禅仏教だけを強調することには批判が多い。詳細は第六章の補注（6）を参照。
（6）もちろん、未だ主もなく客もなく、思慮分別を内容として含まない「狭義の純粋経験」だけを念頭に置いて純粋経験が説明される箇所はある。しかしそれは、狭義以外の純粋経験が不純なものだということではない。また、『自覚における直観と反省』（一九一七年）では、直観（狭義の純粋経験）と、それを包み込む反省（思惟）とが峻別される結果、純粋経験という言葉自体が使われなくなる。
なお、西田のいう狭義の「純粋経験」は原則として知覚であり、感覚ではない。知覚が成立していない状況は当然ありうるが、知覚が成立しているのにあえて感覚にまで還元することは、かえって作為的だと西田は考えるからである（巻一・四八）。
（7）「AかつC」のAは「生み出す自然」natura naturans であり、Cは「生み出された自然」natura naturata である。また、「AかつC」ということは、「AとBが分離しつつ、かつ、結合している」ことであり、その比喩的表現が「AがBを見る」（あるいは、「Aにおいて、AがBを見る」）ということである。中期の論文「場所」には、「絶対無の場所に於て真の自由意志を見ることができる」（巻三・四三二）とあるが、これはまさに引用「八」のいいかえに他ならない。そこでは、姿なき純粋形相であるBが、絶対自由意志と呼ばれている。また、「一切のもの（B）を自己自身の影（C）として自己（A）の中に映す場所が絶対無の場所（AかつC）である」とも説明される。

（8）インドのサーンキャ哲学では、世界を映すスクリーンをプラクリティーと呼び、それを見ている主観をプルシャと呼んだ（絶対者二分割モデル）。

（9）こうした『善の研究』の神は、後の「絶対無」に相当するが、それは無相（A）と有相（C）の両面を併せ持った形而上学的絶対者である。それに対して、純粋経験そのものは常に有相の意識現象である。従って、絶対無と純粋経験とを同一視し、それをさらに「無心の境地」とか「悟り」に結びつける解釈は根本的に誤りである。また、『哲学概論』では、物質と精神を超越した根源的一者を真実在と見なすモニズムが肯定的に紹介されている。しかし、モニズムは、(a)現象としては決して現れない無形相のXを一者と見なす場合と、(b)意識現象のみを一者として認め、後述する「極限概念としての主観（精神）と客観（物質）」は認めず、「構想された主観（精神）と客観（物質）」も実体視しない場合とに分かれる。W・ジェイムズやB・ラッセルのいう「中性的一元論」は(b)の意味だが、西田哲学における「超越的側面での神」（無）は(a)の意味の一者であり、純粋経験は(b)の意味の一者である。

（10）『善の研究』では、自己の意識と神の意識が宗教体験の中で瞑合しうると考えられ、自己と他者の関係も、主客一致・自他合一の関係で捉えられやすい。それが後期の著作になると、他者の他者性が強調されるようになる［熊谷］。しかしながら、後期の場合も「絶対の他が結び付く、それが人格的関係といふものである」（巻十二・二四七）といわれるように、ある種の結合が想定されている点は前期と同じである（第四章補注（6）参照）。

（11）本文で言及された「全体と部分」の関係は、引用「九」における神の意識の「全体と部分」とは異なる。

（12）純粋経験と宗教体験の混同は、純粋経験の狭義一元論を生み出す原因の一つである。「十牛図」の何番目が純粋経験かといった議論も、そうした混同の産物である。一方、宗教体験をより日常化したものが、本章「二」の末尾で触れた「善行為」だが、その場合の「善」と「悪」は程度の違いでしかない（第六章補注（9）は、その点と関連する）。

(13) 哲学的反省と宗教体験という二つの道をたどることで、西田は、（世俗に埋没した日常の「生」も含め）すべての経験の真相が純粋経験であることを、生き生きと自覚しえたのかも知れない。結局、純粋経験とは、特定の意識内容を指すものではなく、日々の生活を理解するための「見方」の問題であり、「形式」の問題なのである。引用「二」が、「凡ての精神現象がこの形（＝純粋経験）に於て現はれる」と語る所以である。

なお、次章とも関連するが、意識現象一元論としての西田の「純粋経験」の特徴は次のようにまとめられる。(a)概念的思惟や意志なども含む広義の純粋経験であること。(b)受動的な「意識の野」ではなく、現象を生み出す能動性をそこに認めようとすること。(c)時間を、瞬間ごとの非連続なものではなく、持続的に展開するものと考えること。ただし、この点は、後期西田哲学で大きく変化する。(d)意識現象相互につながりを認め、全体を包括する汎神論的絶対者を想定すること。

(14) 『善の研究』に先行する一九〇九（明治四二）年の講演「純粋経験相互の関係及連絡に付いて」の中でも、西田は次のように述べている。「私の考へでは凡ての実在は尽く純粋経験である」（巻十三・三三）。

# 第三章　主観と客観の迷宮

## 一　はじめに

本章の課題は、西田幾多郎の哲学的世界観において、「主観」と「客観」がどのように捉えられているかを著作に即して解明することである。もとよりすべての著作を検討する余裕はないので、「世界」に関する明確な論述を含み、西田哲学の初期と後期を代表するものを各々選択することにしたい。そこで、初期のものからは処女作の『善の研究』（一九一一年）、後期のものからは論文「弁証法的一般者としての世界」（一九三四年）を取り上げ、関連する論文や講演類を参考資料として用いることとする。

## 二　「主観・客観」概念の多義性と唯心論

### 『善の研究』における主観と客観

『善の研究』第二編では「実在とは唯《ただ》我々の意識現象即ち直接経験の事実あるのみ」（巻一・四三）であり、身体も含めたすべての物理現象は意識内容を整合的に説明するために思惟が作り出した仮定であると主張されている。これは、明らかに唯心論的世界観を表している。しかし、その一方で、「余の真意では真実在とは意識現象とも物体現象とも名づけられない者である」（巻一・四五）といわれ、一見矛盾した記述が併存する。それゆえ、これらを整合的に理解するためにも、『善の研究』における「主観・客観」概念の再検討が必要になり、両者を、次のように分類することが要請される。

〔カテゴリー1・作用と対象としての主観・客観〕

第一に、意識する作用と意識される対象（内容）とが主観・客観と呼ばれる。それは、（1a）分析概念としての主観と客観、（1b）実体化された主観と客観、（1c）絶対者に関する主観と客観の三種類に分類される。1aは、意識作用と意識内容とを同一実在の両面と捉えるものであり、西田哲学において主・客が肯定的に扱われる唯一のケースである。1bは、作用と内容とを独立した実体と見なす場合であり、この意味での主・客は決して実在しないと主張される。それは、「現前の意識現象と之を意識するといふこととは直《ただち》に同一であつて、其間に主観と客観とを分つこともできない。事実と認識の間に一毫の間隙がない」（巻一・四一）という記述などから窺うことができる。一方、1cは、絶対者（神）のあり方を説明する文脈で使われる概念であり、この点に関しては後述することにしたい。

〔カテゴリー2・構想された主観・客観〕

たとえば、「机の上が見える」という意識現象（純粋経験）と「窓の外が見える」という意識現象と「黒板が見える」という意識現象とが連続して生起した場合、あたかも、私という「心」を持った主体が持続的に存在し、それが「机の上を見て、窓の外を眺めてから黒板に目をやった」かのように意識される。こうした「心」（自我）が「構想された主観（精神）」であり、後期の著作の中で「個物的限定・時間的限定・直線的限定」と呼ばれるものである。『善の研究』では、「この統一作用なる者は固《もと》より実在を離れて特別に存在するものではないが、我々がこの統一作用を抽象して、統一せらるる客観に対立せしめて考へた時、所謂精神現象となるのである」（巻一・七二）と説明されている。

一方、「此処に一のランプが見える、此が自分のみに見えるならば、或は主観的幻覚とでも思ふであらう。唯各人が同じく之を認むるに由りて客観的事実となる。客観的独立の世界といふのは此の普遍的性質より起るのである」（巻一・五五）と主張され[1]、こうして成立する（周囲から見られた）物体のイメージが「構想された客観」である（もちろん、実際にランプを四方から見ている人はいなくても、経験上そう見えるであろうと想像することで、「構想された客観」のイメージは成立すると考えてよい）。これは、後期の著作において「一般的限定・空間的限定・円環的限定」と呼ばれるものである。

「構想された主観・客観」はあくまで仮象であり、「我々の直覚的事実として居る物も心も単に類似せる意識現象の不変的結合といふにすぎぬ」（巻一・四〇～一）と説明されている。また、「色を見、音を聞く刹那」の原初的な知覚（いわゆる狭義の純粋経験）や自然なままの子どもの意識においては「構想された主観・客観」はほとんど生起せず、思慮分別が盛んになり意識内容の矛盾対立が激しくなるにつれて、「客観的自然より区別せられた自己の心なる者を自覚する様になる」（巻一・七三）と説明される。(2)

〔カテゴリー3・極限概念としての主観・客観〕

「構想された主観・客観」の場合はいまだ「何かを意識している主観（精神）」であり、「具体的に知覚された状態の客観（物体）」だが、これらが、思惟によってさらに実体化されると、「意識内容から切り離された何ものでもない精神そのもの」「知覚されることから切り離された色も香もない物そのもの」が考えられるようになる。これらが「極限概念としての主観・客観」であり、西田の議論の中では決して実在しないものとして否定される概念である。実際、精神そのものと物質そのものとが対峙するならば、両者の相互作用はありえない（現代の「心の哲学」でも、それは説明不能の「ハードプロブレム」と見なされる）。また、「事実上の花は決して理学者のいふ様な純物体的の花ではない、色や形や香をそなへた美にして愛すべき花である」（巻一・五〇）と述べられ、『善の研究』「改版の序」でも、フェヒナーを引用しつつ、「実在は現実そのままのものでなければならない、所謂物質の世界といふ如きものは此から考へられたものに過ぎない」（巻一・四）と説かれ、物理学的な「夜の見方」が否定される。

『善の研究』においては、すべての純粋経験（意識現象）が、カテゴリー1bとカテゴリー3の意味で「主もなく客もない」。一方、原初的な純粋経験には、カテゴリー2の意味で「未だ主もなく客もない」。

いずれにしても、カテゴリー3の「主観・客観」（特に「客観」）が明確に否定され、テキスト中に現れる「主観・客観」がことごとくカテゴリー2（あるいは、カテゴリー1a）によって理解可能である場合には、そうした世界観を唯心論と断定することができる。そして、『善の研究』の段階の西田哲学には、明らかにこの意味の唯心論が妥当する。(3)

西田自身は、カテゴリー2（あるいは、カテゴリー1b、カテゴリー3）を念頭において「唯心論、唯物論の対立はかくの如き両方面の一を固執せるより起るのである」（巻一・六五）と、否定的に唯心論を語る場合が多い。「個人あつて経験あるにあらず、経験あつて個人あるのである」（巻一・六）という場合も、構想された仮象の自我（＝個人）の実体化が否定されている。しかしながら、「実体化された主観」でも「構想された主観」でも「極限概念としての主観」でもない知・情・意一体のありのままの意識現象（純粋経験）という意味で肯定的に「唯心論」を考えることは可能で、一九一六年の講演「現今の唯心論」（巻十三・六四）や、一九二〇年代の講義にもとづく『哲学概論』（巻十四・三〇二）などに、われわれはそうした方向性を見いだすことができる。(4) ただし、唯一の実在である意識現象（純粋経験）から二次的に起ちあがる「構想された主観・客観」をも「意識現象・物体現象」と呼ぶために、混乱が生じるわけである。

## 後期西田哲学の場合

次に、「弁証法的一般者としての世界」のような後期の思想にも唯心論が妥当するかどうかを検討したい。

注目に値するのはカテゴリー3の「客観」を否定する次のような記述であろう。「併《しか》し、物理的世界といへども何処までも我々の知覚的なるものを離れるのではない。全然知覚の世界を離れるならば、それは実在的といふ意味を失はなければならない」（巻六・二七七）。「弁証法的一般者としての世界」から四年後の論文「人間的存在」（一九三八年）でも、次のように論じられる。「主観に対立して単に否定的に考へられる客観は、真の客観ではない。所謂外界といふ如きものは、今日物理学でも考へない」（巻八・二六六）。これは、量子力学の「観測問題」を踏まえた適切な指摘である。また、「人間的存在」では次のようにも述べられる。「単に我々に対立する世界は真の客観的世界ではない。それは単なる外界といふものか、押し詰めて考へて見ても、要するにカント的な物自体の世界の如きものに過ぎない。（中略）歴史的・社会的物質は表現性を有ったものでなければならない。（中略）表現的形成的に物が見られるかぎり、物が物自身を現すのである。この外に暗黒な物自体の世界があるのではない。故に現象即実在である。表現的形成性を有たない物質といふものは、唯《ただ》考へられたものたるに過ぎない。物は表現的に自己自身を形成するかぎり、即ち現実に現れるかぎり、実在的なのである」（巻八・二八二）。西田はまた、物理的世界というものが、歴史的・社会的な人間によって考えられたものであり、科学の進歩につれて絶えず変化する仮説に過ぎない点も繰り返し強調している。

結局、こうした物質観は、物を「知覚の可能性の束」と捉えることであり、後期の西田は、ド・ブロイの挙げるプリズム分析の例を踏まえ、「Xという操作を加えればYという知覚が得られる可能性」として物質を考えている（巻九・二一二）。それは、すでに述べたような「構想された客観」（カテゴリー2）と何ら変わらない[5]。

後期西田哲学では、私と汝を結びつけるものは、心（内面）のようでもあり物（物理的空間）のようでもあるが、その場合の「心」（内部知覚）も「物」（外部知覚）も主観・客観の両面を備えていると説かれる。なぜなら、心にせよ物にせよ、意識現象をもとにして構想された主観と客観であり、極限概念としての主観（心そのもの）や客観（物そのもの）ではないので、両者は明確に区別できないからだ。

こうした事実は、唯心論が、後期西田哲学においても維持されていることを証明している。それゆえ、前期の西田は唯心論（観念論）に近いが、後期の西田はマルクス主義の影響もあって唯心論を〝卒業〟したという解釈は、誤りであるといわねばならない(6)。

もっとも、唯心論に対しては一つの留保が必要である。それは、主観・客観を含めた世界全体が絶対無の自己限定であるという、繰り返し語られる西田の絶対者思想——すなわち前述の分類におけるカテゴリー1c——である。次にこの点を検討することにしよう。

## 三　絶対者と唯心論

### 絶対者と世界の関係

『善の研究』は、宇宙の根本である「神」について、次のような証明を提出している。すなわち、事物が何らかの相互関係を有し、互いにかかわりを持つためには、それらを含めた全体が一つの「場」として現れていなければならない。そのことから、世界全体を包括する「神」の観念が要請される（巻一・五六）。たとえば、人がなぜ他人の話を理解できるのかを考えてみる。空気の疎密波が音を伝え、脳の物理化学的な作用が一定の意識現象を生み出すというのが常識的な解釈であろう。しかし、物理現象が意識現象を生み出すことは考えられない。そのため、一つの普遍的な「場」（神）の中に包まれることで伝達が可能になるというのが西田の解釈となる。

こうした一切を包む神を、『善の研究』は「AかつC」の形で説明する。Aとは、現象世界の「存在の根拠」である無形相の「場」であり、Cとは、AとB（現象世界の「かたちの根拠」）が重なり合った現実の現象世界である。神が「AかつC」であることは、「世界超越的なAが自己限定（ないしは自己否定）して、世界内在的なCになる」という形でも表現される。その場合の神（A）の別名が、「一般者」「絶対者」「絶対無」である。

そうした関係は、「神（A）が世界（B）を見る」という形でも表現可能だ。その場合のAとBこそ、前節で触れたカテゴリー1cの「主観・客観」に他ならない。[7] ただし、「AかつC」の神は、世界を見るもの（A・純粋主観《ノエシス》）であると同時に、（見るものと見られるものとを含めた）顕現する世界そのもの（C）でもある。それゆえ、神に関するA（主観）とB（客観）は、別異でもあり、同一でもあって、いずれの側も実体化することはできない。

個々の意識現象に関しては意識作用（A）とその対象（B）は一体である（巻一・四二）。しかし、神に関しては両者は分節され、その上で不即不離の関係が成立する。そして、後の著作では、われわれ自身に関しても、「ノエシス的な本体的自己」（A）と「意識現象的自己」（C）との矛盾的自己同一が語られるようになる。

神が「AかつC」である以上、神（A）が自己限定して現象世界（C）が顕現することは、時間的・歴史的な過程ではなく、時間を超越した論理的・必然的な関係（逆対応関係）である。それゆえ、個々の事象の生起もまた、神の運命的な「宇宙的衝動」（巻六・二九二）として説明される。それは、神を現象世界の「かたち」の根拠（B）と見なし、神からの「衝動」によって具体的な森羅万象が自発自展してゆくと解釈することである。そこには、神の観念の揺らぎが認められるが、しかし、この場合も、神は世界に対して「Bかつ C」の「内在的超越」であり、BもCも実体化することはできない。「画家の興来《きた》り筆自《おのづか》ら動く様に複雑なる作用の背後に統一的或者《あるもの》が働いて居る」（巻一・三五）という記述や、『善の研究』第二編と第三編に頻出する「実在の統一力」「絶対意志」という神の捉え方には、絶対者のこうしたイメージが対応していると考えられる。[8]

## 唯心論の矛盾的本質

「存在」の根拠にせよ、「かたち」の根拠にせよ、絶対者は現象世界の根源であり、主観・客観を含めた現象世界全体が「絶対者（神・絶対無）の自己限定」によって顕現する（この場合の「主観・客観」は、カテゴリー3が否定されている以上、カテゴリー2である）。

何らかの意味で意識現象の原因となるXが存在し、かつ、X自体は意識現象ではないと考えられる場合、そうした世界観は唯心論ではない。西田哲学の場合、Xに相当するものは——「物そのもの」ではなく——絶対者（神・絶対無）である。しかしそれは、現象世界に対して「内在的超越」の関係にあるので、われわれの意識現象に対しても同一かつ別異である。「運命は自己に外的なると共に内的なるものである」（巻七・五四）という記述はかかる事態を指し示す。同一ならば唯心論は肯定され、別異ならば否定されるが、真相は両者の中間というわけではなく、全く矛盾した事態が同時に成立していることこそ、まさに「絶対矛盾的自己同一」なのである。この意味で、西田哲学は唯心論であり、かつ、唯心論ではない。(9)これが、唯心論に関するただ一つの留保である。

## 四　永遠の今の自己限定

「主観・客観」概念は、「時間・空間」概念と密接に関連している。それゆえ、次の課題は西田哲学における「時間」論を検討することである。

**〈意識内容の結合〉から〈非連続の連続〉へ**

まず、『善の研究』には次のように記される。「時間といふのは我々の経験の内容を整頓する形式にすぎないので、時間といふ考の起るには先ず意識内容が結合せられ統一せられて一となることができねばならぬ。(中略)されば意識の統一作用は時間の支配を受けるのではなく、反つて時間は此統一作用に由つて成立するのである。意識の根柢には時間の外に超越せる不変的或者があるといはねばならぬことになる」(巻一・六〇)。ここでは、抽象的な絶対時間が否定され、その代わり、意識現象の意味的連続性が時間を生み出すと主張されている(そして、引用にあるように、背後に潜む絶対者が意識の連続性を成り立たせている)。純粋経験が一定期間、持続的に自発自展すると考えられ、ベルクソンの純粋持続説が好意的に言及されるのも、この文脈においてである(第七章補注(11)参照)。

しかし、後期の著作になると、「瞬間から瞬間へと移り行く」という、よりデジタルな時間論（非連続の連続）に取って代わられる。デジタル化されたかわりに、個々の瞬間は無限の過去と無限の未来を自己の内部に含み込む。そして、そうした事態が「永遠の今の自己限定」と呼ばれるようになるわけである。

## 「永遠の今の自己限定」の二つのタイプ

「真の実在はどこまでも動的に発展すると共に、またどこまでも静的に不変不動のものである。真の生命は単にベルグソンの云ふ如く無限に流れるだけのものではなく、同時にあくまでも流れないものである」（巻十四・三一四）というように、「永遠の今」という観念自体は初期の段階から存在している。ただし、初期のころの「永遠の今」は、超越的側面から捉えられた無形相の神のことである。それは、『善の研究』の中では次のように論じられる。「時間、空間は意識統一に由つて成立するが故に、神は時間、空間の上に超絶し永久不滅にして在らざる所なしである」（巻一・一五一）、「神には過去も未来もない、時間、空間は宇宙的意識統一に由りて生ずるのである、神に於ては凡《すべ》てが現在である。アウグスチヌスのいつた様に、時は神に由りて造られ神は時を超越するが故に神は永久の今に於てある」（巻一・一四六）。従って、こうした無形相の絶対者（A）が自己限定（自己否定）して、かたちある現象世界（C）に転化することが「永遠の今の自己限定」である。これを、「永遠の今の自己限定・タイプ1」と呼ぶことにしよう。

かくして、「永遠の今」の絶対者の上に、あたかも海が波立つようにして無数の意識現象e1、e2、e3、e4……が生起する。しかし、いつの時点の誰の経験（意識現象）であっても、経験はすべて現在形で現れるものである。そうした現在形の経験の集合を「世界」Sと呼ぶならば、世界Sも、「永遠の今」あるいは「絶対現在」と呼ばなければならない。

ただし、経験e1、e2、e3、e4……がすべて現在形のままで同時に顕現することはありえない。世界Sは必ずたたみ込まれた状態で顕現する。たとえば、ある瞬間には、e1が「今ここ」として現れる。その場合、他のe2、e3、e4は「過去」「未来」あるいは「他者（汝・彼）」という様相で、e1の背後（根柢）にたたみ込まれて現れている。つまり、「今ここ」の瞬間であるe1は、ただそれだけで、たたみ込まれた状態の世界全体に他ならない(10)（これを仮に「自己限定された世界」S1と呼んでおこう）。別の瞬間には、e2が「今ここ」となり、e1、e3、e4……は「過去」「未来」「他者」としてe2の背後にたたみ込まれて現れ、「自己限定された世界」S2を構成する。このように、同一の世界Sが、S1、S2、S3というようなさまざまに異なったたたみ込まれ方をしながら次々に顕現する事態を、「永遠の今の自己限定・タイプ2」と呼ぶことにしよう。

論文「弁証法的一般者としての世界」の中では、タイプ2は次のような詩的な表現で語られる。「瞬間は現在の自己否定即ち自己拡散によつて成立するのである。故に無数の瞬間が成立するのである、各人が各人の時を有《も》つと考へられるのである。現実の世界が世界自身を限定すると考へられる時、無数の瞬間が成立するのである。故に時の統一に於て各《おのおの》の瞬間が消えて生れるといふことは、各瞬間が無限大の円の周辺を廻るといふ如き意味でなければならない、否中《いな》心なき円の周辺を廻るといふ如き意味を有たなければならない」[11]（巻六・二五〇）。

後期西田哲学においてもタイプ1は保持されているので、「永遠の今の自己限定」（あるいは、「一般者の自己限定」）という場合にはタイプ1とタイプ2が混在して現れる。また、一九三一年の論文「永遠の今の自己限定」の次の記述のように、自己限定がタイプ1・タイプ2の二段階を含むことを暗示するような表現も存在する。いわく、「斯《か》くして絶対無の自己限定によつて之に於てあるものとして無数の人といふものが限定せられ、それぞれの現在を有つた無数の時といふものが成立すると考へることができる」[12]（巻五・一四八）。

なお、後期西田哲学の時間論については、第五章でも改めて論じる。

## 五　絶対の他の結合

### 空間的な結びつき

無限の過去と無限の未来が一瞬の個物の中に含まれるとは、一体どういう意味なのだろうか。西田はいたるところで、アウグスチヌスを引用しながら、それは現在において過去を想起し未来を予想することであると論じている。確かに、後期西田哲学における「個物」には——単なる物体ではなく——時空の広がりを自覚しつつ、意味づけられた世界の中を創造的に（非連続的に）生きる主体がイメージされている。しかしながら、われわれは無限の過去や無限の未来を絶えず想像しているわけではなく、予測や記憶が誤ることも多い。

この点に関して西田は、一九三四年の講演「伝統主義に於て」の中で次のように述べている。「まことに昨日の事は昨日の事として今日は既にもはやない。しかし記憶としては残つてゐる。(中略)又未来と云ふものは未だない。しかし今日の意識の野の上に、明日の事が何か期待されて現はれてゐるのであります。この様に意識の野と云ふ様なものを考へても、それが円環的であるからして、そこで時間が結びつくのであります。(中略)しかし昨日と明日の結びつきなら意識の野でもよいのでありますが、例へば私の未だ産れない前死んだ後の事はどうなるか、それをも現在と結びつけるのは空間的なものに基くのであります。実は既に私の昨日の経験は寝ることによつて一度消えたのであります。(中略)この点から考へれば単に意識の野が昨日と今日を結ぶのではないと言はねばならない。かくて普通にも脳髄が昨日と今日を結ぶと考へられるのであるが、脳髄はもとより空間的である。かうして空間が、消えて又現はれる時間を結合するものなのであります」(巻十三・二五二)、「即ちすべての時代は変ると共に同じ空間の内にある。(中略)そして現在の世界から見れば過去の世界は全く現在に対して独立的な過去として、而《しか》も単なる過去ではなく、それは私に対する汝として現在の我に対するのであります。即ち表現的世界として私に対するのであります」(巻十三・二五五〜六)。

つまり、過去や未来は単なる心理学的な想起や予測ではなく、完全に独立した意識現象が、何らかの空間的な媒介者によって結びつけられていることである。それは、完全に独立したものどうしが結びつく「私と汝の関係」（すなわち、表現的関係）である。しかも、すべての意識現象は、たとえ今ここで結合していなくても、みな同じ空間の中にあることによって、潜在的・可能的には常に結びついている。そうした潜在的な結びつき——すなわち「私と彼」の関係——も含め、絶対者を媒介にした個物と個物の結びつきが「絶対の他の結合」である[13]（「絶対の他の結合」については、次章でも論じる）。

### 物理的空間と形而上学的「空間」

しかし、先の引用で、媒介者を脳髄のような物理的空間的存在と同一視している点は、西田自身の混乱である。なぜなら、個物と個物、瞬間と瞬間を結びつけるものが内的（精神的）結合でも外的（物質的）結合でもなく、主観（心）と客観（物）を超越した絶対者（絶対無）であることは西田自身によって繰り返し強調されているからである。実際、物質から意識が生じない以上、外的結合は不可能であり、また、内的結合では自・他の意識が一つに融合してしまうという不条理を避けることができない。

一九三五年の講演「現実の世界の論理的構造」の中では、時間の流れを縦に並んだ記号（瞬間）の列で表し、一瞬の中に無限の過去と無限の未来が含まれることを横倒しにされた記号の列で図示している（図2）。その上で次のように論じられる。「此のデカルトが定義してゐるが、物質とは空間的のものであると言つて物を定義してゐる。これはひろがりを持つたもの即ち空間的といふことである。空間は横に並ぶことから物質的である」（巻十二・三一八）。こうした記述は、西田の混乱の原因がどこにあるかを明らかに示している。すなわち、縦を「時間」、横を「空間」と規定した上で、その場合の「空間」を物理的な意味での空間と混同しているわけである。しかし、ここでいう空間（横線）は、一瞬の中に過去と未来が含まれることを表す概念図であり、デカルトの物・心二元論に見られるような物理的な意味での空間とは無関係であろう。

この点はまた、次のようにも説明できる。⑴「机のこちら側が見える」「机の反対側が見える」といった空間的位置関係を含んだ意識現象の併存から、「物」（カテゴリー2の客観）が構想される。「一般的限定・空間的限定・円環的限定」が「物」であるといわれる所以である。この場合の「空間（一般）」は、いうまでもなく、物理的（幾何学的）な空間である。⑵一方、一瞬の中に無限の過去と未来が含まれ、そうした「横倒しにされた時間」も、「空間」と呼ばれる。それは、過去や未来の私を含む無数の他者が、今ここの私と結合することであり、結合された「世界」と、結合を成り立たせる「絶対者（媒介者）」とが、ともに形而上学的な「空間（一般者）」と見なされる。物理的（幾何学的）な空間と絶対者との混同は、⑴と⑵の「空間（一般）」が混同されることで生じる。

いずれにせよ、媒介する絶対者（神・絶対無）に包まれることによって、瞬間と瞬間、個物と個物は完全に独立したままで結びつく。これが「絶対の他の結合」であり、「永遠の今の自己限定・

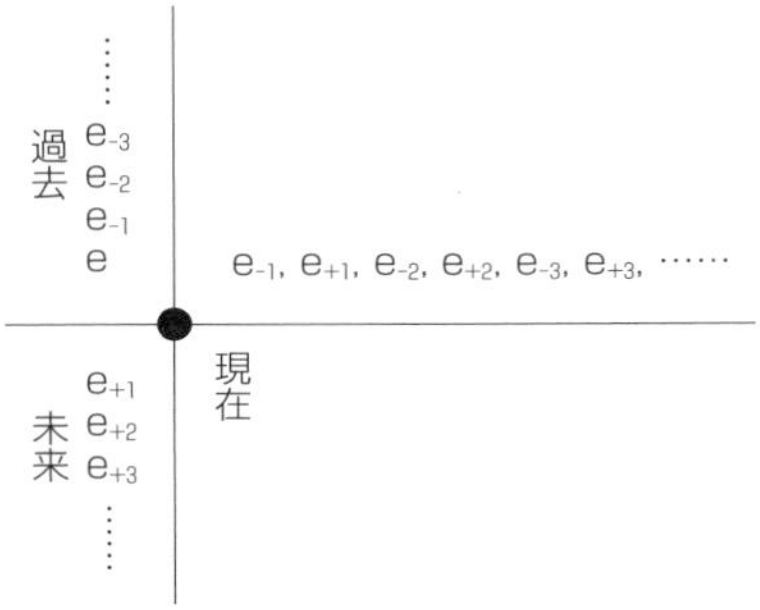


図2

タイプ2」における「たたみ込み」の真相である。そして、タイプ1とタイプ2の二段階にわたる「永遠の今（一般者）の自己限定」によって現象世界は生起し、そこからさらに、カテゴリー2の「構想された主観（心）と客観（物）」が展開することになる。

### 個物と一般の二項関係

この時期の西田は、講演や論文において次のような図式をたびたび提出する。

1　主観（心）――時間的限定・直線的限定――個物（的限定）
2　客観（物）――空間的限定・円環的限定――一般（的限定）

二つの系列は絶対矛盾的自己同一の関係にあるとされる。しかし、この場合の「空間」には、「過去と未来のたたみ込み」と「物理的（幾何学的）な空間」とが混在しており、両者を区別するためには、次のような二局面に分割することが必要になる。

〔m・M局面〕
1　一瞬一瞬の意識現象（時間的存在）m――個物
2　時空を超越した「世界」または「絶対者（絶対無）」M――一般（者）

〔e・A局面〕
1　構想された主観（心）e——時間的限定・直線的限定——個物（的限定）
2　構想された客観（物）A——空間的限定・円環的限定——一般（的限定）

どちらの局面にしても1と2は絶対矛盾的自己同一の関係にある。(1) m・M局面でいえば、個物に対して絶対者は、「波に対する海」のような「内在的超越」の関係にあり、また、「個物と個物の相互限定」が、「一般者の自己限定としての世界の現れ」でもある。その上、個々の瞬間の個物の中に、一般者としての世界全体がたたみ込まれて現れる（永遠の今の自己限定・タイプ2）。(2) 一方、e・A局面でいえば、構想された主観（心）と客観（物）は、「行為的直観」と呼ばれるような相互作用・相互転化の関係にある。(14)「個物が一般を個物化する。逆に一般が自分自身を個物化する、それが生命である」（巻十二・二七二）といわれる所以である（詳細は次章で論じる）。

ただし、一般（者）という語で、「絶対者や世界」（M）と物理的存在（A）が混同されやすく、個物に関しても、一瞬一瞬の意識現象（m）と構想された実体的な自我（e）が混同されやすい。実際は、m・M局面とe・A局面とは交差する関係にあり、世界（M）からは主観と客観の二種類の現象界が生み出され、個物（m）からも主観（精神）と客観（身体）の二種類の現象が生み出される。(15)

このように、個物と一般の二項関係は異質な二局面に変奏されて現れる。しかも西田は、これらをさらに多様な文脈に置き換える。個物的限定を「個人的自己・主体・形相」、一般的限定を「社会・

歴史・環境・質料」に置き換える場合もあれば、個物的限定を「情意や本能的衝動」、一般的限定を「理性」に置き換える場合もある。そこからさらに、個物的・時間的文化と一般的・空間的文化という比較文化論にまで発展する。一対のタームをこのように自由自在に変奏させてゆくことは、西田哲学の魅力でもあり、また、混乱の原因でもある。

## 六　結　論

以上の考察から得られる西田の世界観は、時期の前後にかかわりなく、唯心論的な現象一元論である。それは、純粋経験が「主もなく客もなく」といわれることと矛盾なく成立しうる唯心論であり、多くの箇所で否定的に言及される唯心論とは異なるものである。ただし、絶対者を考慮に入れる場合には、「唯心論であり、かつ、唯心論ではない」という矛盾した事態（絶対矛盾的自己同一）も受け入れなければならない。

一方、「構想された主観（心）・客観（物）」は、後期のテキストでは「時間・空間」に重ね合わされ、「個物・一般」の二項関係の中に位置づけられる。

**【補注】**

（1）同様の議論を、夏目漱石は講演「創作家の態度」の中で——W・ジェイムズの『心理学原理』を踏まえつつ

――展開している。しかしそれは、人々の多様な意識現象の間に意味的な連関があることを指摘するためである［岩下］。

（2）カテゴリー2の「主観／客観」は、W・ジェイムズのいうように、(a)「意識内容としての事物／物理的実在としての事物」、(b)「意識主体としての自己／意識対象としての外界」という二通りの解釈を含んでいる［ジェイムズ］。カテゴリー1で一旦否定した「認識作用／認識対象」が、構想された仮象としては(b)とほぼ重なり、西田自身、そうした意味で「ノエシス／ノエマ」を肯定的に用いる場合が多い。

（3）［小坂ａ］では、『善の研究』における世界観を「絶対的主観主義」あるいは「汎心論」と名づけている。後期になると「絶対的客観主義」に移行するとも論じられるが（三一頁）、それは、素朴唯物論などでは全くなく、今ここの意識現象に世界全体が現れるという意味である。それは、「絶対の他の結合」による自と他の結びつきであり、「主体即世界」ということである。従って、唯心論ではあっても「自分の〈心〉が世界を形成している」というような意味ではない。

（4）こうした唯心論は現象主義とも呼ばれるが、現象主義には、「現象」の内容をすべて感覚与件として捉える説や、「物質自体も微弱なレベルの意識現象である」といったライプニッツ的な意味も含まれる。しかし、西田説をそれらと同一視することはできない。また、西田の唯心論は、実体としての「心」がすべての存在者を作り出すという意味ではなく、すべての物質に霊魂 psyche が宿るというアニミズム的な「汎心論」panpsychism でもない（客観的な物質の実在を西田は前提していないからである）。もちろん、世界が主観の意のままになるとか、人間にとっての有用性が真理の基準だという意味でもない［野家］。

こうした西田の唯心論を「現象一元論」と呼ぶことも可能だ。現象一元論は、G・バークレイやD・ヒュームの経験論哲学に由来し、W・ジェイムズ、E・マッハ、R・アヴェナリウス、一時期のB・ラッセルなどに受け継がれ、日本でも井上哲次郎から大森荘蔵の「立ち現れ」一元論まで、同様の思想類型を認めることができる。

夏目漱石も、『善の研究』の四年前の講演「文芸の哲学的基礎」において、ヒュームやジェイムズの経験論哲学を踏まえた現象一元論を語っている（ただし大森哲学では、「昨日の夕日というものが記憶の中で立ち現れる」というように、単なる志向内容が文字通り「現れる」と考えており、その点で、西田のいう純粋経験とは異なる）。

現象一元論において、物理的な外界の実在性をどの程度否定するかは、論者によって説が分かれる。西田の考えは本文で述べた通りだが、「物そのもの」ではない「他者の意識現象」の実在を西田は全く否定しておらず、その意味では独我論ではない。また、「自我」が、構想された仮象（カテゴリー2）や、実在しない極限概念（カテゴリー3）に過ぎないということからも、「自我（だけ）がある」という意味の独我論は否定される。「個人的区別よりも経験が根本的であるといふ考から独我論を脱することができ」（巻一・七）たというのは、その意味である。ただし、唯心論的な現象一元論は、大森哲学同様、それ自体がある意味で独我論的なニュアンスを持つ。今ここの意識現象が、そうした独我論を脱して、いかにして外の世界（他者の意識現象）に結びつくかは、『善の研究』では明確に語られないが、後期西田哲学では、「絶対の他の結合」「永遠の今の自己限定」として主題化されることになる（補注（10）、および次章の補注（5）（6）参照）。

なお、英米系の現代哲学（心の哲学）では、唯心論とは逆に、物理的存在者の実在を前提にして「心・身」問題を考えるため、議論はしばしば困難に陥らざるをえない。

（5）　こうした物質観は「センシビリア」と呼ばれ、G・バークレイ、D・ヒューム、W・ジェイムズ、大森荘蔵、一時期のB・ラッセルなどに共有されている。（ラッセルのセンシビリアは、覚知されなくても常時存在する実在である。［小池］第五章。）西田の物質観は、不可知の「物そのもの」を認めない点で唯心論といえるが、心と物を仮定（構想）した上で、両者の相互作用・相互転化（＝行為的直観）を語るものでもある。

（6）　中期西田哲学が著しく内省的であるのに対し、「汝」「彼」「世界」が順次視野に入ることで後期西田哲学が成立する。そうした事情が、後期西田哲学が唯心論を脱却して世界を実在視したという解釈につながりやすい。しかしながら、世界（宇宙）を論じるのは『善の研究』でも同じであり、「客観的世界」といっても（意識）現象の集合である以上、（純粋経験一元論という意味での）唯心論を否定するものではない。

また、『善の研究』「改版の序」には、『善の研究』の立場が心理主義的であったことを自己批判するような記述がある。しかしそれは、心理主義的な側面もあったがそれだけではないことを述べている文である。確かに、中期以後の西田は、絶対者の存在証明（あるいは説明）を意識の内省的分析ではなく、論理に徹して行おうとし、その上、（私と汝のような）「絶対の他の結合」を意識の背後に認めるようになる。しかし、そうした意味で単純な「心理主義」が克服されたとしても、世界が唯心論的であることとは何ら矛盾しない（心理主義に関しては［満原］および次章の補注（7）を参照）。

後期西田哲学が唯心論を脱却したように感じられるもう一つの原因は、この時期の西田が形而上学や認識論以外の多様な「各論」を執筆したことである。そうした場合、「国家」「日本文化」「物理の世界」などがテーマになり、唯心論は棚上げせざるをえない。

結局、「すべては意識現象に過ぎない」という静態的把握にとどまったのが『善の研究』であり、唯心論的枠組みを残しつつも、「行為的直観」のように世界の現れる動態に関心を広げたのが後期の思索であった（行為的直観に関しては次章の「六」以下で再論するが、それは「構想された主観・客観」を前提にしているので、そこだけを読むと主・客が実在するかのように誤解しやすい）。

（7）　神が世界を見る主観（カテゴリー1c）だとしても、その超越的側面（A）だけを実体化するならば、カテゴリー3の意味での「極限概念としての主観」と区別しがたい。

（8）　「我々は愛する花を見、又親しき動物を見て、直《ただち》に全体に於て統一的或者《あるもの》を捕捉するのである」（巻一・七〇）、「之を要するに我々の主観的統一と自然の客観的統一とはもと同一である。之を客観的に見れば自然の統一力となり、之を主観的に見れば自己の知情意の統一となるのである」（巻一・七一）という『善の研究』の記述は、ある意味では朱子学的というべきかも知れない。

ともあれ、「存在」の根拠をA説、「かたち」の根拠をB説とすると、西田哲学の絶対者観には両者の間で揺らぎがある。『善の研究』第二編と第三編ではB説が優位だが、第四編ではA説が優位に立つ。その後、大正年間の思索ではB説の「絶対自由意志」が世界の根源と見なされるが、「場所」論の時期になると、「絶対無の場所に於て真の自由意志を見ることができる」（巻三・四三三）と述べられ、B（絶対自由意志）を見るものとしてのA（絶対無の場所）が根源と考えられる。こうした立場は以後も維持されるが、Bの側面もなくなるわけではない。また、絶対者が「AかつC」であれば、AとBとは常に「同一でもあり、別異でもある」ことになる。

ただし、絶対者が「かたち」の根拠であるならば、われわれの意識現象は常に例外なく神の絶対自由意志から生じていることになる。しかし西田の議論では、「理性や良心の声」「天才の知的直観」「人格の要求」などに限って、神の意志の現れを認める場合が多い（西洋でも、古代哲学の「イデア」や「形相」は、「かたち」全般ではなく「理想」「範型」であった）。道徳や国家を論じる場合もそうした表現が現れるが、その一方で、善悪の違いは程度の差だともいわれる（巻一、一三一〜二）。第六章補注（9）参照。

（9）「理性や良心からの声」「絶対者の呼ぶ声」「宗教体験」は、今ここの意識現象の内容の一部だともいえるし、それを超えたものからのコンタクトだともいえる（他の意識現象からの「絶対の他の結合」も、同じ構造を持つものかも知れない）。いずれにせよ、現象界を生み出すのは絶対者であって、単なる主観ではないということは、心理主義批判に対する西田の回答になっている（次章の補注（7）参照）。

（10）日常の平凡な一瞬が歴史全体を包括していることが「終末論的平常底」であり、こうしたタイプ2の時間論は、ヘブライ的直線的歴史観ともギリシア的円環的歴史観とも結合可能である。

また、過去や未来が、過去や未来という様相で「今ここ」の現在に現れるという世界観は、形而上学の歴史の中では珍しいものではない。インドのアビダルマ仏教におけるサルヴァースティヴァーディン（三世実有・法体恒有説）は古典的な例の一つと見られるが、これには反論もある（［森田編著］第八章の佐々木論文を参照）。中国・華厳仏教における「十世隔法異成門」も同様の世界観である。大森荘蔵も、視覚風景の背後には「思い」という様式の「立ち現れ」が現前していると考え、「視覚風景とは常に四次元の全宇宙世界の風景であると言わねばならない」と述べている（［大森a］第三章の2）。ただしこれと、晩年の過去制作説との関係には微妙なものがある［大森c］。

一方、こうした時間様相が表す時間と、「瞬間から瞬間へと移り行く」という場合の「移り行く」が表わす時間とは、どういう関係にあるのか、これも疑問である。

(11) 大意を意訳すれば次の通りである。すなわち、「絶対現在」が次々に自己限定（自己否定）して、互いに異なる無数の瞬間が現れる。それは、世界SがS1、S2、S3……の形に自らを変容（自己拡散）して顕現することであり、あたかも、地球を廻る宇宙飛行士に対して、一つの地球がいろいろな角度で姿を現してゆくようなものである。

(12) 一九三五年の講演「現実の世界の論理構造」の末尾は、次のように締めくくられている。「永遠の今といふのは、過去未来が総べて現在に含まれてゐるといふことである。歴史は永遠の今の自己限定から成り立つといふのはさういふことを言ふのである。プラトンや中世哲学で言ふ永遠の今は時を離れてゐるが、私の言ふのは時を離れたものでなく現在が過去未来を含むといふことを『永遠の今』と言ふのである」（巻十二・三四〇〜一）。これが、タイプ2の「（自己限定された）永遠の今」であり、タイプ1の「永遠の今」は、まさしく「時を離れた永遠の今」である。

(13) 同様の議論は、一九三二年の講演「実在の根柢としての人格概念」（巻十二・二四四〜八）にも見える。一方、「場所的論理と宗教的世界観」では、われわれの歴史的意識を絶対現在的意識と規定した上で、次のように述べている。「故に我々は、その立場に於て、無限に過去の過去を考へ得ると共に、無限に未来の未来までを考へ得るのである。単なる抽象的意識的自己の立場から、歴史が考へられるのではない。単なる意識的自己から考へられるものは、単なる自伝に過ぎない」（巻十・三五七）。すなわち、「永遠の今」というべき歴史的時間は、個人の記憶の範囲（自伝）を超えて、文字通り「永遠」の広がりを持つということである。

(14) 中期の西田哲学では、eとAに代えてSとPの二系列を用い、客観を個物、主観を一般と捉える。

〔e・A〕系列

e　個物的限定――主観（心）――時間的限定・直線的限定――本能・情意

A　一般的限定――客観（物）――空間的限定・円環的限定――理性

〔S・P〕系列

S　主語的限定――個物的限定――客観（物）――空間的限定――非理性

P　述語的限定―一般的限定―主観（心）―時間的限定―理性

いずれにしても、客観は「個物の絶対否定」、主観は「個物の絶対肯定」と呼ばれる。また、G・フェヒナーの用語を借りれば、客観（極限概念としての「物そのもの」）は「夜の見方」、主観（意識現象）は「昼の見方」であり、そうした名称にも唯心論が投影されていると考えられる。

(15) ［小坂b］では、「一般者の自己限定という場合の一般者は弁証法的一般者（世界）のことである。これに対して、個物的限定とか一般的限定とかいうのは、この弁証法的世界のもつ二つの方向であって、個物的限定とは、弁証法的世界の主観的ないしはノエシス的方向をいうのであり、また一般的限定とは、その客観的ないしはノエマ的方向をいうのである」（四九頁）と説明される。

# 第四章　創造的世界と「主体性」の問題

## 一　はじめに

本章の課題は、西田幾多郎の哲学的世界観において、「主体性」がどのように捉えられているかを著作に即して解明することである。「主体性」とは、個物と世界を変動させる内在的要因であり、それを問うことは、個物と世界が、何によって、どのように生成されるのかを明らかにすることである。西田自身は、自己の世界観を「創造的モナドロジー」と名づけ、現実の世界を「創造的世界」、世界を形成する作用を「絶対自由意志」「運命的な宇宙的衝動」と呼んでいる。こうした「創造」「自由」「運命」の意味も、「主体性」理解の解明のために検討されなければなるまい。

ただし、考察の対象は、世界に対する具体的分析が多く現れる一九三〇年代以後の後期西田哲学に限定し、必要に応じて、それ以前の著作にも言及することとする。

## 二　絶対者1——一般者の自己限定と絶対自由意志

### 一般者の自己限定

西田の処女作である『善の研究』(一九一一年)は、宇宙の一切を包む場所を「神」と捉え、「宇宙は神の所作物ではなく、神の表現 manifestation である」(巻一・一四二)と主張する。

一方、現象世界の「存在の根拠」である無形相の「場」をAとし、AとB(現象世界の「かたちの根拠」)が重なり合った現実の現象世界の全体をCとする。相異《あい》なるAとCが同一の神の両面であり、後の著作において「内在的超越」あるいは「内在即超越・超越即内在」と表現される神の自己矛盾的本質である。そうした「AかつC」の関係を、「AがC(あるいはB)を生み出す」という形にいいかえれば、プロティノスの発出論になる。発出論に関しては、第七章の「五」で検討したい。

一方、神が「AかつC」であることは、「超越的な神Aが自己限定(ないしは自己否定)して、内在的なCになる」という形でも表現される(もちろん、この場合の「自己限定」は時間的なプロセスではなく、AとCとの間の論理的・超時間的な「逆対応」関係に他ならない)。すべての時期を通じて、西田のテキストには、超越の側から捉えられた神(A)の同義語がおびただしく現れ、「一般者」「絶対者」「絶対無」「絶対現在」「絶対否定」「絶対の他」「絶対的一者」「統一的或者《あるもの》」「媒介者M」「超越的述語面」「永遠の死」「永遠の生命」「永遠の今」などはその例である。それゆえ、無形相の絶対者(A)から「かたち」ある現象世界（C）が顕現するという事態は、「一般者の自己限定」とか「絶対無の自己限定」と呼ばれ、それはまた、「自覚」「直観」「神の愛」「神の表現」「神の創造」「自己の中に自己を映す」「絶対の否定の肯定」「ノエシスのノエマ的限定」「無と有との絶対矛盾的自己同一」といったさまざまな言葉でも記述される。[1]

## 運命としての神

神が「AかつC」である以上、絶対無が自己限定することは必然であり、それは、運命的な「宇宙的衝動」（巻六・二九二）ともいいかえられる。一方、個々の出来事の生起に関しても運命的な宇宙的衝動を想定することができ、それは、神を現象世界の「かたち」の根拠と見なし、神からの衝動によって具体的な森羅万象が自発自展してゆくと解釈することである（もちろん、この場合も、神は世界に対して「内在的超越」、すなわち「BかつC」の関係にある）。『善の研究』第二編と第三編に頻出する「実在の統一力」「絶対（自由）意志」という神の捉え方には、絶対者のこうしたイメージが対応している。ただし、「存在」の根拠（たとえば、映写機の光源）として定義された絶対者を「かたち」の根拠（映写機のフィルム）に転用することは論理的には誤りであり、その点は第七章の「五」で後述したい。

西田哲学における世界の「主体性」は、こうして絶対者（神・絶対無）に帰せられる。ただし、この場合の「神」は意識を持った有神論の人格神ではない。その点は、「神には反省なく、記憶なく、希望なく、従って特別なる自己の意識はない。凡てが自己であって自己の外に物なきが故に自己の意識はないのである」（巻一・一四六）という『善の研究』の記述から読み取れる（もっとも、具体的な「かたち」のある世界を生起させる根源という意味で、神を「人格」と呼ぶ例は多い）。

繰り返すと、事物が一定のかかわりを持つために世界全体を包括する絶対者が要請され、かつ、そうした絶対者が「存在」の根拠から「かたち」の根拠に転用される結果、世界のあり方の根拠は絶対者（神・絶対無）に帰せられる。しかし、こうした絶対者は、（スピノザの「神」がそうであるように）実質的には「運命」といいかえてもよいものである。

科学者ならば、われわれが経験する秩序に満ちた世界を、いくつかの自然法則と初期条件の組み合わせによって合理的に説明しようとするだろう。しかし、そうした自然法則と初期条件の存在自体は、つきつめて考えれば、所与の「運命」といわざるをえず、その点で、西田の理解と大差ない。しかし、自然法則と初期条件を媒介させずに、秩序に満ちた眼前の世界を直接的に説明しようとする結果、西田の絶対者は、われわれの世界の価値と秩序を保証する誠実で慈悲深い人格神のイメージに接近せざるをえない。そして、「神は無限の愛、無限の喜悦、平安である」（巻一・八二）というような宗教体験と結びつくことによって、西田の絶対者は、より一層、「神の愛」「仏の慈悲」という有神論的相貌を、表面上は帯びることになる。

## 三　絶対者2——一般者の自己限定と個物間の相互限定

### 個物の主体性

世界（C）の根柢に無形相の「場所」である「神」（A）を認めるとすれば、世界の一部である個物の根柢にも無形相の「場所」を認めることになるだろう（ここでは「個物」を、意識現象としての人間という意味で理解しておこう）。最晩年の「宗教論」（場所的論理と宗教的世界観）でも、「自己が自己に自己否定的に一であるのである」（巻十・三〇三）と論じられ、無形相の本体的自己と、かたち（内容）のある意識現象的自己とが不即不離の関係にあることが記される。これは、まさしく世界に関する「AかつC」の構造と同形である。

そして、世界の根柢にある「神」と個物の根柢にある「本体的自己」とは、「無形相の場所」であるがゆえに互いに区別できない。従って、世界のあり方の根拠が絶対者（神・絶対無）であるとすれば、それと同じものが個物の根柢にもあることになり、結果的に、「主体性」は個物の側にも認められなければならない。つまり、神の顕現である世界の側の運命的衝動は、同時に、個物の側の自由意志でもあるわけである。こうした理解は、後期西田哲学が、絶対者の側にのみ世界の根拠を認めるのではなく、個物の側の主体性をも繰り返し強調しようとする理由である。

もちろん、個物は必ず複数存在し、相互に影響し合っている。その意味で、個々の個物の主体性は制限されたものとなる。絶対者の力により、絶対者自身の自己限定として、かたちある現象世界が顕現するということと、無数の個物の相互限定によって現実の世界が形成されるということとが、こうして重ね合わされる。「個物的限定（個物と個物との相互限定）」即「一般者の自己限定」という後期西田哲学の基本テーゼは、かかる事態を意味しているといえる。

## 四　永遠の今の自己限定1——世界としての個物

### 多と一との絶対矛盾的自己同一

瞬間ごとの個物の根柢にある「場所」も、世界全体の根柢にある「場所」も、無形相で区別できないと考える結果、それに付随して、今ここの意識現象と世界全体も、一体化して重なり合う。これは、華厳仏教の「事事無礙法界」などに見られる古典的な論法（法性融通説）であり、『善の研究』でも次のように言及されている。いわく、「仏教の根本思想である様に、自己と宇宙とは同一の根柢をもって居る、否直《いなただち》に同一物である」（巻一・一三二）。その結果、個物は世界の一部でありながら、同時に、一瞬の個物が世界全体を含むことになる。単に、絶対無の自己限定（自己否定）として個物（多）が現れるだけではなく、有相化された個物と世界との間に、こうした含み・含まれる関係が成り立つ。これが「逆限定」であり、「多と一との絶対矛盾的自己同一」である。(2)

## 永遠の今の自己限定

しかし、一瞬の個物の中に世界全体が含まれるとはどういう意味だろうか。その答えは、前章で論じたように、「永遠の今の自己限定」という後期西田哲学の時間論から明らかになる。

初期のころの「永遠の今」は、超越的側面から捉えられた無形相の神（A）を意味し、絶対者が自己限定（自己否定）して、かたちある現象世界（C）に転化することが「永遠の今の自己限定」であった。これを、「永遠の今の自己限定・タイプ1」と呼ぶことにする。

かくして、「永遠の今」の絶対者の上に、あたかも海が波立つようにして無数の意識現象e1、e2、e3、e4…………が生起する。しかし、いつの時点の誰の経験（意識現象）であっても、経験はすべて現在形で現れるものである。そうした現在形の経験の集合を「世界」Sと呼ぶならば、「世界」Sも、「永遠の今」あるいは「絶対現在」と呼ばなければならない。

ある瞬間には、e1が「今ここ」として現れ、他のe2、e3、e4…………は「過去」「未来」あるいは「他者（汝・彼）」という様相で、e1の内部（根柢）にたたみ込まれて現れる。つまり、「今ここ」の瞬間であるe1は、ただそれだけで、たたみ込まれた状態の世界全体に他ならない（これを仮に「自己限定された世界」S1と呼んでおこう）。別の瞬間には、e2が「今ここ」となり、e1、e3、e4…………は「過去」「未来」「他者」としてe2の内部にたたみ込まれて現れ、「自己限定された世界」S2を構成する。このように、同一の世界Sが、S1、S2、S3というようなさまざまな異なったたたみ込まれ方をしながら次々に顕現する事態を、「永遠の今の自己限定・タイプ2」と呼ぶことにする。

その場合、どのeが「今ここ」として現れているかで「私」というものが定義される。(3) すなわち、個人とは世界のたたみ込まれ方に他ならない（たとえていえば、町並みがどの位置から見えているかということが、今ここの「私」が何者かを定義しているわけである）。個人とは世界の虚焦点であり、パースペクティヴであるといわれる所以である。こうした世界観は、西田自身がいうように、ライプニッツのモナドロジーと共通している。しかし、ライプニッツのモナドが永遠不変の実体であるのに対し、西田の個物は「瞬間から瞬間へと移り行く」「非連続の連続」であり、そうした断絶性が、創造的モナドロジーと呼ばれる理由の一斑である。

ただし、後期西田哲学においてもタイプ1は保持されているので、「永遠の今の自己限定」とか「一般者の自己限定」という場合、タイプ1とタイプ2とが混在して現れる。また、場合によっては、二段階の「自己限定」を一括して「一般者の自己限定」と見なすこともできる。そうした後期西田哲学の複雑なターミノロジーは、次のように整理することが可能である（A、Cの記号は「二」で示した解釈図式に対応する）。

A　無形相の絶対者（絶対者の超越的側面）――永遠の今（絶対現在）・タイプ1
C　意識現象の世界（絶対者の内在的側面）――永遠の今の自己限定・タイプ1
C1　かたちある「世界」の全体――永遠の今（絶対現在）・タイプ2

### C2　今ここの個物にたたみ込まれた世界　——永遠の今の自己限定・タイプ2

(1) Aのみに用いられる術語が、「絶対無・場所・無の一般者・媒介者M」である。ただし、Aは常にCと絶対矛盾的自己同一の関係にある。

(2) AおよびC1に相当する術語が、「絶対者・一般者・絶対的一者・弁証法的一般者・神・M」である。ただし、「絶対的一者」はC2にも妥当する。

(3) C1およびC2に相当する術語が、「弁証法的一般者（無の一般者・媒介者M）の自己限定の世界」である。

(4) C2のみに用いられる術語が、「弁証法的世界の自己限定の世界・表現的世界」である。

この場合、A（絶対無）は「存在」の根拠としての絶対者だが、すでに述べたように、「かたち」の根拠と見なされる場合も多い。一方、C1も、それ自体が現象として現れることはなく、次々にたたみ込まれて顕現する現象世界（C2）の「かたち」の根拠であり、そうした点で、これもまた絶対者（神）と呼ばなければならない。

### 個物と世界と神

いずれにせよ、ここでいう個物とは、一瞬の意識現象であると同時に、無限の過去・未来・他者を含む「世界」全体をも意味しているわけである（主体即世界）。つまり、西田哲学における個物には根源的な主体性があるとしても、それは、われわれ「個人」が社会的環境の中で自由に振る舞えるという意味では全くない。われわれには自由にならない外界の現れも含め、今ここから見られた世界そのものが「主体的な個物」だと考えるからである。

こうした理解は、『善の研究』にまで遡りうる西田自身の持論である。すなわち、われわれの経験の中には自己の意志で自由に変えられる部分と、外界に対する知覚のように意志を超えた部分とがともに含まれている。しかし、後者の場合も、意識現象の中で構成された（あるいは、選択された）経験だという意味では、広い意味で「意志」の産物といえる。逆に、何かをしようと思う時の主観的な（狭義の）自由意志も、そうした意志が生じること自体は、一つの運命的な衝動である。現象レベルの自由や行為を包み込む形で、こうした形而上学的な運命論が成立することを、「宗教論」では、「必然の自由、自由の必然の世界」と呼んでいる（巻十・三〇二）。

結局、個物に帰せられる主体性とは、まさにこうした広義の意志であり、（狭義の意志をも包み込むような）神の運命的な「絶対自由意志」なのである[4]。

## 五　永遠の今の自己限定2――イデア的世界

### 絶対の他の結合

無限の過去と無限の未来が一瞬の個物の中に含まれるということを、改めて考えてみる。過去や未来は単なる想起や予測ではなく、互いに独立した過去や未来の（あるいは、他者の）意識現象が、何らかの媒介者によって「絶対の他の結合」として、今ここの私と結びつく。それらの一部は、「私に対する汝」として今ここの私に現に結びつき、また、残りのすべての意識現象も、同じ空間（絶対者）の中にあることによって、一定の「関係」を保ちつつ、潜在的・可能的に結びついている（私と彼の関係）。(5)

結局、媒介者M――すなわち絶対者（神・絶対無）――に包まれることにより、瞬間と瞬間、個物と個物は完全に独立したままで結びつく。こうした「絶対の他の結合」が「永遠の今の自己限定・タイプ2」における「たたみ込み」の正体であり、同時に「個物と個物の相互限定」の前提条件である。

個々の意識現象は私秘的なものであり、他の意識現象と結合することはありえない。それにもかかわらず、われわれは常に過去や未来や他者を理解し、それらと作用し合うこともできる。こうした事態を説明するものが「絶対の他の結合」である。それは、弁証法的な「矛盾の論理」（絶対矛盾的自己同一、非連続の連続）の名のもとに、不思議なものを不思議なものとしてありのままに受け入れる論理である。

そして、過去や未来や他者の意識現象と「今ここの私」とを結びつける媒介者が絶対無であり、「基底などありえない」という形で逆説的に措定される「無基底的基底」（巻十・一三五）である。それはまた、「単に無基底的と云ふのではない、有として現れる方に一といふこともできる」「無基底的場所」（巻二十三・一一四）とも説明される。一九三二年の論文「私と汝」では、「私と汝とを包摂する何等の一般者もない。併し私は汝を認めることによつて私であり、汝は私を認めることによつて汝である、私の底に汝があり、汝の底に私がある（中略）絶対に他なるが故に内的に結合するのである」（巻五・二九七～八）と記述されている。(6)

## 二つの疑問点

しかし、絶対無を通じて実在の他者と結合するという考えは、次のような疑問を直ちに発生させる。これらは、今ここに現れる過去や未来が、単なる主観としての想起や予測に過ぎないことを示唆しているともいえる。すなわち、

(1)実在の他者が「今ここ」の中に現れるならば、世界に対するわれわれの認識は誤ることがないはずである。しかし、哲学的にも日常的にもわれわれは頻繁に誤っている。(7)

(2)「今ここ」の瞬間に無限の過去や未来が現れるということは、未来がすでに存在することであり、運命論を意味している。しかしそれは、瞬間から瞬間への移行を「創造」「絶対の自由」と捉える西田の記述（巻十二・二四二）と整合しないのではないか。

こうした疑問に対して、とりあえず、次のように回答しておきたい。

(1)に関しては、「実際に、意識の中で世界を認識する」ことと、「形而上学的な意味で実在の世界に

触れる」こととを、階層的に区別しなければなるまい。(8) 前者は後者によって可能になるが、前者自体は「誤りうるもの」であり、特に、記号的な形で世界を知的に認識する場合には、より不確実にならざるをえない。後期西田哲学では、前者の立場を「知的自己」、後者の立場を「行為的自己」と呼ぶことがある。また、「宗教論」では、こうした二重構造をカントの「現象界と物自体」の二元論になぞらえ、「我々の自己そのものの存在の場所、我々の自己そのものに直接なる、自己自身を形成する歴史的世界」(巻十・三〇八)を「物自体の世界」と呼んでいる。

(2)に関していえば、次のように理解すべきであろう。無限の過去と無限の未来を含む一瞬の個物が、瞬間から瞬間へと、因果法則を超えて推移することが、西田にとっての「創造」であり、メタモルフォーゼである。それは、全く新しい世界が創発することではなく、同じ一つの世界の「現れ方」が刻々に変化することである。(9)

注目すべきテキストとしては、「時の瞬間は永遠に消え行くものなると共に、永遠に生れるもの、即ち瞬間は永遠である」(巻十・三〇二)、「それ(=個物)が個体的として宿す世界の形と云ふのは、何処までも矛盾的自己同一的でなければならない。それは自己自身を限定する形として、イデヤ的でなければならない。(中略)我々の個体的行為はイデヤ的なるものを見る、永遠なるものに触れると云ふことがあるのである」(巻九・四一〜二)、「かかる絶対矛盾的自己同一的世界が自己の内に映す自己の映像とも云ふべきものを、私は絶対的一者と云ふのである」(巻九・五〇七)。

移り行く創造的世界の中の個々の瞬間は、永遠の「形」がそのつど生起したものである。世界そのものは、時を超えて同一性を維持し続けるイデア的な「形」であり、その「形」は、「映像」として、一瞬一瞬の個々人の中に映し出される。こうしたイデア的世界とは、前節で述べたタイプ2の「永遠の今」(C1)であり、さまざまに限定された映像としてのみ姿を現す「絶対的一者」である。そうした意味で、イデア的世界は、「二」で触れた「かたち」の根拠としての「世界」(B)とも同じものである。いずれにせよわれわれは、西田哲学における創造的世界と運命論とが整合的に両立することを、ここでも改めて確認することができる。

## 六　行為的直観1――唯心論と「主観・客観」関係

### 唯心論的世界観

「無限の過去と未来をたたみ込んだ現在」は、無限の時間を含んだ形而上学的な空間といえるが、それはしばしば物理的な空間と混同される。しかし、いうまでもなく、両者は区別されなければならない。

それでは、西田にとって物理的な意味での空間は、どのように考えられているのだろうか。『善の研究』第二編では「実在とは唯我々の意識現象即ち直接経験の事実あるのみ」(巻一・四三)であり、身体も含めたすべての物理現象は意識内容を整合的に理解するために思惟の中で形成された仮定であると主張される。これは、明らかに唯心論的世界観を表している。その上で、『善の研究』における

「心と物」を次のように理解することが可能だ。

まず、意識現象（純粋経験）が次々に連続して生起する場合、あたかも、私という「心」を持った主体が持続的に存在し、それがさまざまな経験をしているかのように意識される。こうした「心」（自我）が「構想された心（主観）」であり、後期の著作の中で「個物的限定・時間的限定・直線的限定」「個物の絶対肯定」「絶対無のノエシス的限定」と表現されるものである。一方、一つの物をさまざまな視点から見る複数の意識現象が生起する場合、こうして成立する（周囲から見られた）物体のイメージを「構想された物（客観）」と呼ぶことができる。これは、後期の著作において「一般的限定・空間的限定・円環的限定」「個物の絶対否定」「絶対無のノエマ的限定」と呼ばれるものである。

「構想された心と物」は、「何かを意識している心」であり、「具体的に知覚された状態の物」である。しかし、これらが、思惟によってさらに実体化されると、「意識内容から切り離された何ものでもない心そのもの」「知覚されることから切り離された色も香もない物そのもの」が考えられるようになる。これらが「極限概念としての心と物」であり、西田の議論の中では、決して実在しないものとして否定される概念である。それらが実在しないからこそ、「構想された心と物」も仮象の存在に過ぎないといえる。

「極限概念としての心と物」（特に「物そのもの」）が明確に否定され、テキスト中で肯定的に用いられる「心と物」が原則として「構想された心と物」である場合、そうした世界観を唯心論と断定することができるだろう。そして、『善の研究』の段階の西田哲学は、明らかにこの意味での唯心論である。

また、後期西田哲学にも唯心論が妥当することは、極限概念としての「物そのもの」が、この時期の論考でも否定されていることから証明可能である（巻六・二七七、巻八・二六六、二八二）。物理的世界というものが歴史的・社会的な人間によって〝考えられた〟ものであり、科学の進歩につれて絶えず変化する仮説に過ぎない点も繰り返し強調される。

## 心と物の行為的直観

一方、後期西田哲学では、構想された心と物とが相互作用し、相互転化する状況を「行為的直観」と呼んでいる（極限概念としての心と物ならば、相互作用はそもそも不可能だと西田は考える）。その場合、心から物への働きかけが「行為」であり、物から心への現れが「直観」である。両者は、心が物に働きかけ、次に、物が心に刺激を与えるというように、一定のタイムラグを伴う場合もあれば、能動が同時に受動でもあり、二つの作用が分離できないこともある。こうした双方向的関係が、「行為的直観」「個物的限定即一般的限定・一般的限定即個物的限定」「作られたものから作るものへ」「内から外へ・外から内へ」と呼ばれ、同じことを行為（制作）の側から捉えれば「ポイエシス」と呼ばれる(10)（通常、「作られたもの」が物、「作るもの」が心を表す）。いずれにしても、心と物の相互作用によって「創造的世界」が展開するとすれば、このレベルでの「主体性」は物の側にも心の側にも一方のみに帰することはできない。西田が唯物論や唯心論を批判するのは、こうした文脈にもとづく場合が多い。

さらにいえば、「構想された心と物」のヴァリエーションとして、「主体・環境」の二項関係が用いられる場合もある。後期西田哲学の「形相・質料」はこうした「主体・環境」のいいかえであり（巻九・三二〇）、「作られたものから作るものへ」の「作るもの・作られたもの」も、同じ意味で用いられるケースが多い。しかし、「主体・環境」は、「構想された心と物」を指すだけではなく、物心両面を備えた人（自己）と人々（他者）の社会学的関係を指す場合もあり、国家のような集団どうしの相互関係を指す場合もある。また、作用し合う意識現象の中の「私」と「他者（汝・彼）」を指す場合もある。いずれにしても、主体と環境の関係は「相互作用」であり、主体性をどちらか一方に帰することはできない。

## 「決定論」批判と運命論

「主体性」に関して付言すれば、西田は、科学的な因果法則によってすべてが決定され、結果的に予測可能であるという意味での「決定論」を受け入れてはいない。厳格な因果法則は、構想された仮説としての「物の世界」にのみ妥当し、心を束縛することはありえないと考えるからである。「作られたものから作るものへ」の世界が「機械論的でも目的論的（＝本能的）でもない」と繰り返し強調されるのもこのためである。こうした考えは、カント的な二元論を受け継ぐものだが、量子力学の不確定性原理や、因果律の実在そのものを批判するＤ・ヒュームの主張にも関心の深かった西田にとって、「物の世界」といえども、ラプラス的な決定論が妥当するとは思えなかったに違いない（巻一・四六〜八）。（だからこそ、現象世界の起動力も、因果律ではなく、運命的な神の「絶対自由意志」に帰せられるわけである。）

ただし、「運命論」は、法則的な因果関係を必ずしも前提にせず[11]、それゆえ決定論が否定されても運命論が否定されることにはならない。

## 七　行為的直観2――「永遠の今の自己限定」との融合

### 真の純粋経験としての行為的直観

行為的直観には、心と物の相互作用・相互転化を三人称的に記述するだけではなく、その中の「心」を、自分自身の意識現象に重ね合わせる用例も見られる。すなわち、今ここの自己に対して物が生々しく現れることが「直観」、それに対して自己が意志的に立ち向かうことが「行為」であり、いわば「一人称化された行為的直観（作られたものから作るものへ）」である。『善の研究』の純粋経験論では、今ここの意識現象の中に、スクリーンの中の映像のような形で「知・情・意」のすべてが含まれる。それに対し、「一人称化された行為的直観」では、映像そのものが立体（３Ｄ）化され、「ここ（心）と向こう（物）」の奥行きを伴って体験されることになる。『善の研究』「改版の序」の中の、「行為的直観の世界、ポイエシスの世界こそ真に純粋経験の世界であるのである」（巻一・三）という主張は、かかる意味で理解することができる。

一方、今ここの意識現象は、「四」で論じたように「永遠の今の自己限定」として、無限の過去・

未来・他者を含み、それらと結びついている。[12] そうした結びつきが「絶対の他の結合」であり、「私と汝の関係」である。そして、その場合の「私（今ここ）」を「心」とし、結合相手の「汝」を「物」と置き換えれば、「永遠の今の自己限定」は、そのまま心と物の行為的直観に重なり合い、「主体即世界」「物と我との絶対矛盾的自己同一」となる。[13]

次の記述は、そうした点を論じたものである。「主観的・客観的限定、個物的・一般的限定たる我々の行為は、永遠の今の自己限定の意味を有つて居る。故に我々の行為的自己の自己同一といふものは、いつも直観的意義を有するのである」「直観といふことは（中略）唯《ただ》、無限に一般者が一般者自身を限定するとか、場所が場所自身を限定するとかいふことを意味するのである」（巻六・二六七）。

## 「物」の実在性

行為的直観が後期西田哲学のキーワードと見なされるのも、そうした理解にもとづくものだが、しかし、西田の理論構成にはいささか無理があるとも思える。そもそも、本来の意味での行為的直観は、意識現象一元論の枠内で、心と物の（現象としての）現れ方を記述するに過ぎない。それに対し、「永遠の今の自己限定」は、今ここの意識現象と、それとはかけ離れた別個の存在者（意識現象）とが、絶対無を隔てて結合するということである。両者を同一視することは、本来仮象に過ぎない「物」に対して過大なリアリティーを与えることになり、意識現象一元論と矛盾する。

西田自身、「私と汝」の「汝」には、山や川のような物体、それに、法律や道徳なども含まれると論じている。もちろん、山や川は、（原子や素粒子とは異なり）「知覚された状態の山や川」であり、意識現象一元論とは矛盾しないのかも知れない。しかし、「物来たりて我を照らす」といった言説と相まって、「物」のリアリティーを必要以上に高める危険性は否定できないだろう。[14]

実際、西田は、「現象即実在」を説く――前章「二」で引用した――「人間的存在」の中で、次のようにも主張している。「人間が此世界に現れたのは、幾千万年かの生物進化の結果でなければならない。而して生物発生以前にまた無限なる物質的運動の世界が考へられねばならない。生物は物質的世界の或結構に於て発生したと考へることができる。歴史的世界の発展が表現作用的だと云ふのは、かかる自然科学的法則を無視することではない、却つてそれ等は主客相互補足的な弁証法的世界の自己形成の法則でなければならない」（巻八・二九〇）。確かに、人間や生物が発生する以前を考えることは、（意識）現象一元論にとって難題であろう。しかし、物理的世界を実在視する西田のこうした記述はいささか唐突といわざるをえない。

## 八　結　論

世界を形成する「主体性」の所在に関し、ここまでの考察をまとめておこう。

(1) 世界は絶対者（神・絶対無）の自己限定として絶対者の絶対自由意志（運命的衝動）から生じる。

しかし、個物にも同等の主体性があり、個物間の相互限定により世界は展開する。

⑵しかし、個物とは一定の視点から顕現する世界そのものであり、そうした個物に主体性を認めるとしても、いわゆる「個人」が、自由に行動できるという意味ではない。

⑶心と物、あるいは主体と環境は、意識現象の展開の中で構想される仮象の存在である。両者は相互作用・相互転化の関係にあり、一方だけに主体性を認めることはできない。

このように考えると、⑴と⑵のような形而上学的レベルにおける西田の世界観は、明らかに運命論的である。西田自身は運命論を否定するが、その実質は決定論批判であり、それゆえ、西田哲学を静観的・高踏的だと批判する田辺元や戦後の京都学派左派の主張は決して間違いではない。しかし、そうした運命論は、世界の真相を哲学的につきつめて考えれば、誰しも避けることのできない真理なのかも知れない。形而上学的（あるいは自然科学的）レベルにおいて、それが真理を衝いているならば、運命論的であることを西田哲学の「欠点」だと決めつけることは不当である。

しかも、こうした運命論を受け入れても、未来が予知できなければ、実践的には自由意志があるのと何ら変わらない。それどころか、スピノザのいうように、われわれの生を癒し、無用な絶望から救い出すきっかけにもなりうる。その上、運命論のもとでも、現象的・社会学的レベルで「自由」を定義することはいくらでも可能である（補注（11）参照）。

西田個人が一九三〇年代以後の全体主義的風潮に強く抵抗したことはよく知られているが、こうした西田哲学の原理論的側面は、特定の党派性を超越し、自由主義にも全体主義にも結びつく必然性はない（逆にいえば、どちらに結びついてもおかしくないといえる）。従って、西田個人の思想を政治的に毀誉褒貶することはできるかも知れないが、西田哲学そのものを政治的に毀誉褒貶することは無意味である。

【補注】

（1）本文で挙げた「直観」や「自覚」は、西田哲学においては文脈ごとに多様な意味で用いられる。(a)まず、『善の研究』における純粋経験は「直覚」されるものである。(b)『自覚における直観と反省』では、「直観」が改めて「反省」され、その過程全体が「自覚」と呼ばれる。それゆえ、「直観」は「自覚」と段階的に区別される。(c)一方、絶対無の自己限定によって世界が現れるという場合には、そうした世界の顕現自体が絶対者の「直観」であり「自覚」である。(d)また、後期の「行為的直観」では、主観から客観に働く「行為」と、客観から主観に働く「直観」とが、対等の関係で重層しているとされる。

（2）個物の中に世界が含まれるというイメージは、ライプニッツのモナドロジーと同じだが、モナドロジーではその根拠が「神の全能性」であり、華厳仏教の法性融通説とは異なる。

（3）どれか一つのeと結合して、それに、「今ここの私として現象している」という性質を与えるものが絶対無である。絶対無が結合してもeの内容は変わらないので、西田は絶対無を数学の群論における単位元に例えている（巻八・三七）。

（4）「行為的直観」という概念は、主体的な意志と外界の現れとを一旦分節した上で、それらの不即不離な関係を示すものである。

（5）現代哲学では、知覚を心的出来事と見なし、外界の対象の有無を問題にしない立場を志向説 intentionalism と呼ぶ。一方、知覚を実在する対象そのものの現れと考え、対象のない知覚（幻覚）は、真の知覚とは（たとえ実際に識別できなくても）異なると考える立場を選言説 disjunctivism と呼ぶ。西田の考えは選言説に近いといえるかも知れない。

また、J・ビゲローは、現在の立場から検証可能かどうかにかかわらず、実在の過去が現在の中に（過去という性質で）含まれるということを「時制化された性質」と呼ぶ［左金 a］［小草］。さらにいえば、大森荘蔵も「視覚風景とは常に四次元の全宇宙世界の風景であると言わねばならない」と述べている（［大森 a］第三章の2）。これらは、西田のいう「永遠の今の自己限定・タイプ2」と共通する発想である。

（6）西谷啓治が語る「一枚の壁で隔てられた二つの部屋」の例えは、他者が他者でありながら、自己の中に現れるという事態の比喩といえる（［西谷］一一一～六〇頁）。「絶対の他の結合」といわれるそうした他者との出会いは、生々しく衝撃的な経験であることもあれば、生々しさのない惰性的な経験であることもあり、また、単なる「出会いの可能性」に過ぎないこともある（＝私と彼の関係）。しかし、いかに惰性化しても、それ自体が「絶対の他の結合」であり、不思議な現実であることに変わりはない。「私と汝」の関係を論じる西田の記述が、自・他の壁の崩壊した統合失調症患者の証言と酷似していることはしばしば指摘される［木村 a b c］。それはつまり、「絶対の他の結合」の生々しさの極限が統合失調症の症状だということである。しかし、生々しさに違いはあっても程度の問題に過ぎない。その意味では、現に他者を理解し相互作用しているわれわれは、誰もが程度の差はあれ、統合失調症だということであろう。

（7）知がいかにして成り立ち、論理法則などの普遍妥当性はいかにして保証されるのか。これが、「心理主義批判」の提起する問題であった。西田の回答は、(a)意識現象も絶対者の現れ（一般者の自己限定）であり、(b)個々の意識現象も「絶対の他の結合」によって世界（他者）とつながっていて、恣意的なものではないというものだ。

(a)は、「哲学は宇宙の自己表現」というW・ジェイムズの説や夏目漱石の「則天去私」と符合するが、文字通りにとれば、哲学者の迷いや誤りが説明できなくなるかも知れない。また、「絶対の他の結合」が成り立つ根拠は絶対者にあるので、つきつめて考えれば(b)は(a)に帰一する。

一方、(c)後期西田哲学では、後述する「行為的直観」のように、心と物の相互作用として知を説明する場合が多い。しかし、行為的直観を本文「七」のように理解すれば、それは(b)と一致し、「主体即世界」「物と我との絶対矛盾的自己同一」「絶対的客観主義」となる。さらにいえば、(d)『善の研究』における純粋経験の「自発自展」も、思惟の連続性を保証することで、知の正当化に貢献している。ただし、純粋経験が自発自展することの根拠は、背後に潜む一般者にあるので、(d)も(a)に帰一すると考えられる。

(8)　「永遠の今の自己限定・タイプ2」を、単なる主観的な想起や予測ととることと、形而上学的な「絶対の他の結合」ととることとは、しばしば混在して現れる。「時間意識が未成熟な人間以外の生物には、タイプ2は萌芽的にしか当てはまらない」という議論も繰り返しテキストに現れるが、これなどは、タイプ2が主観的な意識の問題であることを示唆しているといえる。しかし、もちろん、それに反するテキストも多く、西田の議論は揺らいでいる（創造的世界と運命論との関係も、こうした揺らぎの一例なのかも知れない）。最終的には、本文で述べたような二重構造モデルに帰着するが、国家や社会のような形而下的存在を扱う場合は、主観説でタイプ2を捉えるのが原則であり、創造性も、（運命論ではない）日常的な意味で使われることが多い（補注（12）参照）。

(9)　こうした「世界」の捉え方は相対性理論と親和的であり、西田自身、論文「自覚について」の中で、ミンコフスキー空間（四次元時空連続体）に言及している（巻九・四七六）。

また、「創造」の意義が本文のようなものだとしても、それを前提とした上で、西田はさまざまな文脈で派生的に「創造」性を語る。たとえば、絶対無の自己限定として世界が顕現する事態を比喩的に「神の創造」と呼ぶこともある。心と物（あるいは、主体と環境）の相互作用を論じる場合も、各々の側にそれなりの「創造作用」

を認め、また、「永遠の今の自己限定・タイプ２」によって現象する世界の時間的な流れを「歴史的創造」あるいは「生産」と呼ぶこともある（巻八・三七六）。（［一七］で論じるように、後期西田哲学では、「永遠の今の自己限定」と、心と物の「行為的直観」が融合している。）なお、「歴史的生命」に関しては補注（12）を参照。

（10）個（人間・生物）の集合が種（社会・生物種）である。個の主体的行為は種を変動させるが、一方で、「種」は、社会規範や生物種の本能のように、個に対する束縛として現れ、個にとっての環境の一部となる。それゆえ、個と種の相互作用もまた、行為的直観の一例である。ただし、絶対無の自己限定として世界が現れるという形而上学的視点（永遠の今の自己限定）に立てば、種も、個にとっての世界の現れの「かたち」に過ぎない。世界という「かたち」を生み出す原因（生産関係）を種と捉えることもできるが、いずれにしても西田にとっての種は、個と同じ意味で実在するわけではない。

（11）未来が法則的に規定されていなければ、決定論 determinism は否定される。だがその場合でも、「その時になれば現実は一つしかない」という意味での運命論 fatalism は成立する。欲求を実現させることが自由だとしても、その時々の欲求の発生は運命であり、「自由意志」は、こうした運命論を前提にした上で現象レベルで再定義しなければならない（たとえば、［コニー］）。運命論については、第九章の「三」で再考する。

（12）意識を持った「主体」や「社会」によって、過去・未来・外界が心理的・主観的に認識され、「永遠の今の自己限定・タイプ２」が、こうした社会学的文脈で成立する。全体的一（世界）と個物的多（意識主体）との「含み・含まれる」関係（すなわち「多と一との絶対矛盾的自己同一」）が、社会（民族・国家）を形成するというのは、この意味である。歴史を自覚しつつ生きる人間が「歴史的主体」であり、「永遠の今の自己限定」として行為的直観的に経験される世界が「歴史的生命」である。後期西田哲学における国家論に関しては、［重久 c］の第三部第一章を参照。

（13）このため、「絶対の他」という概念も、「意識現象としての他者」と、「物」の両方を指す。その上、「絶対の他を媒介として汝と私とが結合する」（巻五・三二一）というように、媒介者としての絶対無を「絶対の他」と呼ぶ例もある。

（14）いわゆる「悟り体験」には「物」が生々しく現前するものが多いが、「物」の実在感が消えてゆくものもある［大竹］。

# 第五章　歴史的世界の時間と物理的世界の時間

## 一　はじめに

本章の課題は、後期西田哲学における「歴史的世界」と「物理的世界」の概念を、その時間論を中心に考察することである。西田のテキストでは、「歴史的世界」「生命的（生物的）世界」「物理的（物質的）世界」の三項が対比されているが、中間的性格を持つ「生命的世界」は割愛する。時期的には後期西田哲学の形成・発展期に注目し、論文「弁証法的一般者としての世界」が発表された一九三四（昭和九）年から「絶対矛盾的自己同一」が発表された一九三九（昭和一四）年までを考察の対象とする。

## 二　歴史的世界と物理的世界

### 歴史的世界

「現実の世界といふのは、個物と個物との相互限定の世界と考へられるものでなければならない、媒介者Mの自己限定の世界と考へられるものでなければならない、弁証法的一般者の自己限定の世界と考へられるものでなければならない」（巻六・二四八）。こうした「弁証法的一般者の自己限定の世界」が「歴史的世界」であり、それはまた、「永遠の今の自己限定」の世界である。

「歴史的世界」と「物理的世界」を対比した場合、唯物論的な常識からすれば「物理的世界」が先行し、人間による「歴史的世界」の土台になっているといえる。しかし、実際には、「歴史的世界」が前提になるのであって、「物理的世界」は単に「考えられたもの」であり、「極限概念としての客観」に過ぎない。これが、西田の繰り返し主張する世界観である。

それでは、両者において時間はどのように考えられているのか。

### 歴史的世界の時間1

「歴史的世界」は、一瞬一瞬の「個物」が無限の過去や未来や他者を展望しうる世界であり、過去・現在・未来といった時間様相（時制）が成り立つ世界である。西田にとって時間が成立するとは、まさにこうしたことを意味するものであった。そこにおいて個物は、〝後〟〝先〟のことを意識し、創造的に、かつ、行為的直観的に世界を作り出してゆく。それに対して（人間以外の）生物は、意識現象を持つという点で実在ではあるが、〝後〟〝先〟をさほど意識せず、物理的世界（客観）の属性である生物学的本能に縛られて行動している。「生命的世界」が、「歴史的世界」と「物理的世界」との中間に位置すると説かれるのはそのためである。

ただし、過去や未来や他者を展望するという場合、主観的・心理的にそれらを認識することと、より形而上学的な意味でそれらに結びつくこととの両義がある。しかし、「歴史的世界」を、「生命的世界」や「物理的世界」と区別することで、前者のニュアンスが強くなることは否定できない（前章の補注（8）（12）参照）。

### 物理的世界の時間1

それでは、「物理的世界」の時間とはどのようなものか。惑星が太陽の周りを回るように、物理的世界にも当然時間は流れるはずだが、それは、「歴史的世界」の場合とどう違うのだろうか。次にこの問題を考えてみたい。

最初に、関連する西田の記述を引用しておこう（傍線・引用者）。

一　故に主観的意識作用といふものを、歴史的物質的運動に於て考へるのである。歴史的物質とは表現性を有つたものでなければならない。然らざれば、それは歴史的物質でもなければ、弁証法的物質とも云はれない。（巻八・二六五）

二　唯物論的にものを考へる人は、物質の法則は永遠不変なものであり、この物質の世界に何か新しい物が生じてくるやうに考へるが、それは何時も同じ法則に支配されてゐると唯物論者は考へる。（講演「歴史的身体」巻十二・三五九）。

三　物理学上でも時を考へるではないかと言はれるかも知れないけれども、物質界に於て物が生ずるといふのは、自分がそれを見るといふ主観的なものがあつてはじめて物が生ずるといふことが言へるのである。主観をとつてしまつたのでは、物が生ずるといふことは言へない。（講演「現実の世界の論理的構造」巻十二・三一二〜三）。

四　世界が現在だけであるとして、現在をどこまでも拡げて現在の平面の中に総てのものを並列的に入れて考へると物理的の世界となる。物理的の世界には時間は無い。過去未来は無く、変化も無い。例へば、昔の星雲の時代から現在の地球になつたと考へるが、さういふやうに運動したのは或一つの空間を廻つただけであることになる。物理学的世界は、現在を考へて過去未来が同時的に含まれなければならないものを全く否定したものである。個物とか主観とかいふものが含まれなくてはならぬがそれを捨てたのが物理学的世界である。（中略）併し現在だけとすると此の世界は抽象的となつてしまふ。さういふ世界からは精神的なものは考へられない。具体的な世界となると時を持つのであり、したがつて過去未来が含まれなくてはならない。

（講演「現実の世界の論理的構造」巻十二・三二一）。

## 歴史的世界の時間2

西田の考えでは、主観（心）と客観（物）は、「構想された主観」と「構想された客観」である。従って、両者は絶えず相互作用・相互転化し、どんな場合でも程度の差はあれ、両者が共存している。このことを「論点A」と呼ぼう。

また、すべての経験は意識現象であり、それゆえ、物質といえども表現性を持ったものでなければならない。このことを「論点B」と呼ぼう。「物質にも主観性（意識作用）がある」という主張には、論点A・論点Bの両方が踏まえられている。

次に、個々の瞬間（意識現象）の中に、無限の過去と未来が含まれる。それは「永遠の今の自己限定」であり、縦に流れる「時間」が、今ここの中に「横倒し」になって含まれるという意味で、「時間即空間」といえる。このことを「論点C」と呼ぼう。

一方、論点Aの「構想された主観」は「個物的限定・時間的限定・直線的限定」とも呼ばれ、「構想された客観」は「一般的限定・空間的限定・円環的限定」とも呼ばれるので、その場合の「主観（時間的限定）・客観（空間的限定）」と、論点Cの「時間・空間」は大変まぎらわしく、同じ術語が両方の意味で使われることもある（ある時期の西田が、両者を混同していた可能性については、第三章の「五」で指摘した）。結果的に、論点Aの「構想された主観（心）」と論点Cの「時間」が結びつき、論点Aの

「構想された客観（物）」と論点Cの「空間（すなわち、横倒しの時間）」が結びつく。以上が、現実の世界、すなわち「歴史的世界」のあり方である。

## 物理的世界の時間2

「物理的世界」は、そこからの逸脱形態であり、論点Aの意味での主観性を欠いた抽象的な仮想現実である。そのことが論点Cにリンクすると、「物理的世界」は、流れる時間が存在せず、すべての時間が一つの同時的な空間の中に「横倒し」にされた世界であるといえる。引用「四」の前半（現在の平面の中に総てのものを並列的に入れて考へると物理的の世界になる）は、およそこのように解釈することができる。

しかし、過去や未来といった時間様相は、引用「三」にあるように、意識（個物的限定）の中でこそ成り立つともいえる（前章の補注（8）参照）。だとすれば、主観性のない物理的世界には、そうした時間様相のある空間（永遠の今の自己限定）は成立しない。さまざまな時点が「現在」の中にたたみ込まれる結果、それらが「過去」「未来」という時間様相を帯びるわけだが、物理的世界の場合には、空間（すなわち、横倒しの時間）があってもそれは抽象的な観念に過ぎず、時間様相が伴わないのである。その結果、引用「四」にあるように、「物理的の世界には時間は無い。過去未来は無く、変化も無い。（中略）運動したのは或一つの空間を廻っただけである」ということになる。[1] ここには、時間・空間をめぐるターミノロジーの複雑なねじれがあるようだ。

だが、「過去未来は無く、変化も無い」といいながら、「運動したのは或一つの空間を廻っただけである」とは、どういう意味だろうか。引用「二」のように、「物理的世界」は同一の法則に支配されていることだと解釈することも可能だろう。(2) しかし、それだけで、「或一つの空間を廻っただけである」が理解できるとも思えない。

## 三　時制と前後関係

### マクタガートの時間論

ここで、J・E・M・マクタガート（一八六六〜一九二五）が、一九〇八年の論文「時間の非実在性」の中で提唱した時間論を導入しよう。(3)

マクタガートによれば、時間は二通りの形式で捉えられる。仮にA系列、B系列と呼んでおけば、A系列とは、「より遠い過去」「より近い過去」「現在」「より近い未来」「より遠い未来」といった時間様相（時制）によって記述される時間である。これに対し、B系列は、二つの事象の間の「より前」「より後」という相互関係によって記述される時間である。（さらに、時間的含意を除いた順序関係一般を表すC系列もあるが、ここでは取り上げない。）A系列の「過去」「現在」「未来」は、どの時点（すなわち「端的なる今」）から見るかによって内容が異なり、それゆえ「変化」を含んでいる。一方、B系列は、どの時点から見ても変わりのない不動の位置関係である。

## 西田時間論への応用

こうした時間論を西田の「歴史的世界」「物理的世界」に当てはめれば、「歴史的世界」の時間がA系列、「物理的世界」の時間がB系列だと見なすことができる。

たとえば、西田の次のような記述を見てみたい。(傍線・引用者)

五　歴史的世界に於て物が作られると云ふことは(中略)絶対矛盾の自己同一として過去と未来とが同時存在的なる歴史的空間即ち歴史的現在に於て、与へられたもの即ち作られたものが、自己自身を否定することによつて、消え行くこと即ち過去に入ることによつて、新なる物が現れることである、即ち物が創造せられることである。(中略)物理的空間に於ても、物が働くと云ふことは、物が物自身を否定することであらう。物が働くと云ふことは、物が力を失ふことである。併し、物理的空間に於ては物が消え失せるのではない。従つてそこには真に働くと云ふことはない、真に自己自身を限定する個物といふものはない。故に真に働くものは、生れると共に死に行くものでなければならない。(中略)歴史的空間は表現作用的場所でなければならない。(巻八・二六五)。

六　併し上に云つた如く作られたものから作るものへの世界は、いつも自己自身を越えて居る、歴史的世界はいつも動揺的である。そこに世界の主観性があるのである。故に作られて作るものの頂点として、人間はいつも恣意的である。(巻八・二九六)

引用「五」では、「歴史的世界」においては過去に入ることが「消え行く」ことであり、「物理的世界」にはそれがないといっている。すなわち、A系列の場合、過ぎ去ったものは「過去」に没するが、B系列ではそうした時間様相がないので、何事も消え去ることがない。また、引用「六」では、「歴史的世界」が「主観」的であり、「動揺」しており、「恣意的」であるといっている。これは、A系列の時間が、どの時点から見られるかによって絶えず浮動することを指しているのではないか。

このように考えることで、「物理的の世界には時間は無い。過去未来は無く、変化も無い。(中略)運動したのは或一つの空間を廻つただけであることになる」という引用「四」の言葉が理解可能になる。物理的な世界においても地球や月は運動しているのに、なぜ「変化」がないのか。「一つの空間を廻つただけ」とはどういうことなのか。それは、次のように解釈できるだろう。

「物理的世界」の時間をB系列とすれば、それは時間様相のない世界である。確かに、t1からt2、t2からt3へと、事象は進んでいる。しかしそれは、「過去」でも「現在」でも「未来」でもないt1であり、「過去」でも「現在」でも「未来」でもないt2なのだ。すなわち、「過去」でも「現在」でも「未来」でもないフラットな場の中を事物が運動している。これが、まさに「物理的世界」における時間なのである。

# 四　結論

「歴史的世界」が現実の世界であり、「物理的世界」は「考えられた」だけのものである。こうした西田の主張には説得力があると思われる。

しかし、現代人の思想として圧倒的な少数派になりつつあることも否定できない。自然科学にとって、あるいはそれと密接にリンクした現代哲学にとって、現実の世界は無人称的な「物理的世界」であり、そこに一人称的な「今」を容れる余地はないのである。分析形而上学における「現在主義」ですら、「端的なる今」を主観的とは考えず、あくまでも物理的な描像の中に「端的なる今」を持ち込もうとする。その結果、相対性理論との矛盾を生じて劣勢に甘んじなければならない(4)。現象一元論を主張することは、西田が生きていた時代と比べ（あるいは、ほんの数十年前と比べてさえ）、困難になりつつあることを、われわれは自覚しなければならない。

**【補注】**

（1）仮想現実である「物理的世界」を「歴史的世界」の中に埋め戻すと、次のような記述にもなる。「自然的現在といへども、極小的に過去未来を含んで居ると考へられねばならない。然らざれば自然界の進行といふものは考へられない。自然は同じ世代を無限に繰り返すものと云つてよい。私が自然も歴史に於てあるといふ所以である」(巻七・五六〜七)。

(2) こうした解釈は、ヘーゲル体系における「自然」の捉え方と似ている。ヘーゲルは、論理・自然・精神という三つの発展段階を考え、このうちの「論理」を時間超越的段階、「自然」を動きはあるが発展のない段階、「精神」を時間的発展のある段階と考えた。もとより、ヘーゲルの時代にはニュートン力学はあっても生物進化論はなく(ラ・マルクはヘーゲルの同時代人)、自然は力学法則に従う単調な繰り返しと考えられていた。

(3) マクタガートに関しては、第九章補注(12)参照。ちなみに、マクタガートはB・ラッセルの論争相手として有名である。西田はラッセルに強い関心を持ち、来日したラッセルとも会っているが、しかし、マクタガートに関する言及は著作の中には見当たらない。

(4) 分析形而上学における「現在主義」の主張は[左金b]に詳しい。また、現在主義に対する物理学者からの批判は、[森田編著]の第一章等を参照。

# 第六章

# 西田哲学と宗教

## 一　はじめに

本章の課題は、西田幾多郎の哲学的世界観における宗教の意義を解明することである。こうした研究はすでに数多く行われているが、それらの多くは、思想家個人のメンタリティーや思想形成の問題と、発表された哲学理論の整合的理解とをはっきり区別しているとはいえない。西田が浄土真宗の門徒の多い地域で育ち、葛藤の多い家族生活をおくり、さまざまな宗教に親近感を抱き、生涯の一時期、坐禅に熱中していたことは前者の問題である。一方、本章の主たる関心は後者の側にある。両者を峻別することは困難かも知れないが、西田哲学の包括的な理解のためには避けて通れない課題でもあろう。

## 二　哲学的世界観としての絶対者思想

### 神と世界の関係

最初に、西田哲学の世界観の基本構造を復習しておきたい。

まず、現象世界の「存在」の根拠である無形相の「場」そのもの（A）が神と見なされる。神は同時に、「かたち」のある現象世界の全体（C）でもあり、AかつCの関係は「内在的超越」あるいは「内在即超越・超越即内在」と呼ばれる。こうした神の二面性は、「絶対矛盾的自己同一」とか「逆対応」という語で主題化されることになる。

すべての時期を通して、西田の著作には、「内在的超越」を「超越」（A）の側から捉えた場合の神の同義語がおびただしく現れるが、「神の愛」「神の表現」「神の創造」などは、無形相の絶対者A（無）から「かたち」のある現象世界C（有）が顕現するという事態――すなわち「一般者（絶対無）の自己限定」――を表している。

一方、神が「存在」の根拠（A）ではなく、「かたち」の根拠（B）としてイメージされる場合もある。この場合も、神は世界に対して「内在的超越」の関係にあり、そうした「生成作用としての神」（BかつC）は「実在の統一力」とか「絶対（自由）意志」「宇宙的衝動」「人格」と呼ばれる。

## 逆限定と逆対応

神（A）を無形相の「場所」とすると、瞬間ごとの個物の背後（根柢）にある「場所」も、世界全体の背後にひろがる「場所」も区別することができない。しかし、前者の「場所」は一瞬の意識現象を伴い、後者の「場所」は世界の全体を伴う。そして、二つの「場所」が、無であるがゆえに同一であることで、今ここの意識現象と世界全体もまた一体化する。その場合、「今ここの私」以外のすべての世界は、「過去」「未来」「他者」という様相で「今ここの私」の中（底）にたたみ込まれて現れている。これが、「永遠の今の自己限定」といわれる事態である。

その結果、個物は世界の一部でありながら、同時に、一瞬の個物が世界全体を含む。単に、絶対無の自己限定（自己否定）として個物（多）が現れるというだけではなく、有相化された個物と世界との間に、こうした含み・含まれる関係が「逆限定」として成立する（巻十・三三五）。それはまた、神の顕現である「世界」の側の運命的衝動と、世界を形成する「個物」の側の自由意志との絶対矛盾的自己同一でもある。

「逆限定」は、限定された「かたち」のある現象相互の関係を表し、「主観と客観」「世界と個物」などに適用されるが、「逆対応」は、無限定な絶対無と個物の関係に適用される。最終関係論文である「宗教論」（場所的論理と宗教的世界観）では、こうした「逆対応」が、絶対者（神・仏）と人間（衆生）の関係として説明されている。

## 三　第一の論点――汎神論と有神論

### 汎神論的世界観

「AかつC」としての神を、西田は『善の研究』の中で「汎神論」と呼び、最晩年の「宗教論」では「万有在神論」と呼んでいる。両者の関係についてはさまざまな解釈がありうるが、本章では「内在的超越」型の汎神論として一括することにしたい（詳細は第一章参照）。

いずれにしても、神を「世界から独立した存在者であり、世界を創造し支配する主体である」と考える有神論ではない。すなわち、「神には反省なく、記憶なく、希望なく、従つて特別なる自己の意識はない。凡てが自己であつて自己の外に物なきが故に自己の意識はないのである」（巻一・一四六）といわれるように、固有の意識を持った人格神は否定されている（ただし、実在の統一力である神を「人格」と呼ぶ例はある）。

『善の研究』第四編第二章「宗教の本質」では有神論と汎神論が比較され、その結果、「超越的神があつて外から世界を支配するといふ如き考は啻《ただ》に我々の理性と衝突するばかりでなく、かかる宗教は宗教の最深なる者とはいはれない様に思ふ」（巻一・一四〇）と述べられ、汎神論が弁護されて、有神論が排斥される。最晩年の「宗教論」でも、「主語的超越的に君主的 Dominus なる神は創造神ではない。創造神は自己自身の中に否定を含んでゐなければならない。然らざれば、それは恣意的な神たるに過ぎない」（巻十・三一八）、「唯《ただ》、私は将来の宗教としては、超越的内在より内在的超越の方向にあると考へるものである」（巻十・三六六）と述べられ、「君主的」な「鞫《さば》く神」が否定されている。

それゆえ、もともと有神論的宗教であるキリスト教や浄土仏教を引用する場合でも、それは、汎神論的に再解釈されたキリスト教や浄土仏教であって、オリジナルのものではありえない。西田にとっては、それこそが現代にふさわしい真のキリスト教であり、真の仏教なのである（もちろん、そうした解釈が「私一流の解釈」〔巻十・三六五〕であることは、十分自覚されてはいる）。

「宗教論」には「宗教的立場そのものは、何等の固定せる内容を与へるものではない。（中略）固定せる内容を有するならば、それは迷信である。故に宗教的教義は、何処《どこ》までも象徴的でなければならない」（巻十・三五九）と記されている。「宗教的教義は、何処までも象徴的でなければならない」という一文は、西田のすべての著作を読み解く際のパイロット・メッセージである。それは、既成の宗教教義と同じ表現に出会っても、決して文字通りの意味で受け取ってはならないことを表しているからである。テキスト中には、絶対者の「呼ぶ声」や「啓示」や「恩寵」や「救済」が語られ、通常の意味では、これらは人間に対して「呼びかけ」「恩寵を与え」「救済する」ような善意の人格神が前提になっている。しかし、西田にとって、「神」に固有の意識はなく、世界が運命的・必然的に顕現することが「神の絶対自由意志」であり「神の愛」であって、擬人的な表現のすべては、汎神論を表象する神秘的な「象徴」に過ぎない（巻一・一四七）。だからこそ、キリスト教も仏教も帰するところは同じだと理解することもできるのである。(2)

ただし、西田が深くコミットしていた禅仏教は、神話的な「教義」が比較的少ない――全くないわけではないが――瞑想型宗教であり、禅に由来する概念には単なる象徴以上の意味があると考えるべきである。西田が、自己の哲学的世界観を「宗教的」と呼ぶ場合には、こうした瞑想型宗教が念頭に置かれているが、この点は「四」で改めて論じることにしよう。

汎神論哲学は、瞑想型宗教に対しては（後述するように）「説明」する立場であり、人格神的宗教（有神論）に対しては批判する立場である。しかし、「宗教」という語で一括される結果、両者の区別は見失われやすく、私的な場における西田が浄土仏教に対して教義通りの有神論的信仰を表明していたことはよく知られている(3)。このように、西田個人の宗教意識と「西田哲学」との間には、整合的な理解を超えた矛盾が含まれることも事実である。

## 汎神論と有神論の相互浸透

汎神論的な西田哲学が有神論的なキリスト教や浄土仏教と相いれない点に関しては、留保すべき「ただし書き」が二つある。

一つは、キリスト教や浄土仏教の一部がもともと汎神論的であり、西田哲学と共通する側面を持っていたことである。実際、エックハルトやスピノザやヘーゲルのような多かれ少なかれ汎神論的な思想家と、既成のキリスト教やユダヤ教との関係には複雑なものがあり、浄土仏教の汎神論的解釈も古来珍しいものではなかった。特に、もともと汎神論が根強い日本で、近代になってキリスト教が受容された時も、少なからぬ神学者が有神論的解釈に対して批判的な立場を取った(4)。

第二の留保は、西田哲学自体が、次のような点で有神論への傾斜をある程度持っていたことである。仮に、神が「かたち」の根拠だとしても、結果的にどういう世界が現出するかは予測不能である。しかし、神を根拠とするこの世界が、何らかの意味で、秩序に満ちた価値的に優れたものだと観念される場合は多い（だからこそ、世界の中の「悪」の存在が、古来「弁神論」の主題であり続けたのである）。西田哲学の場合も、神はこの世界の「真・善・美」の源泉であり良心・理性・当為の根源であって、『善の研究』第三編では伝統的な弁神論さえ繰り返されている。そのように世界を価値的に捉えることが、「神の誠実」を肯定し、道徳的な心を持った人格神のイメージを喚起することは明らかであろう(5)。その意味で、こうした神のイメージこそ、西田哲学が非人格的な汎神論に徹しきれていないことの徴証なのである。

実際、西田の世界観は、ヘブライ的な超越的人格神（鞫《さば》く神）には否定的だが、仏教的な「仏の慈悲」には肯定的である。そうした仏の慈悲（悲願）に包まれることで宗教体験が生じ、それは、世界の真相を徹見する（巻十・三五一）と同時に、次のような情意的な体験にもなる。「神は実在統一の根本といふ如き冷静なる哲学上の存在であつて、我々の暖き情意の活動と何等の関係もない様に感ぜらるるかも知らぬが、其実《そのじつ》は決してさうではない。（中略）宇宙の統一なる神は実にかかる統一的活動の根本である。我々の愛の根本、喜びの根本である。神は無限の愛、無限の喜悦、平安である」（巻一・八一〜二）。宗教体験がこうした価値的情意を伴うからこそ、その前提となる「絶対無の自己限定」も、

「愛」とか「慈悲（悲願）」という人格神的イメージに結びつく。次節では、こうした宗教体験自体を改めて検討することにしたい。

## 四　第二の論点——知的宗教と情意的宗教

### 心霊上の事実としての宗教体験

個我の小意識を脱却し、宇宙の真実在である神を感得することこそ「宗教体験」としての宗教の本質である。それは、西田が繰り返し主張した「心霊上の事実」としての宗教であり、「信仰」「懺悔」「回心」「廻心《えしん》」「見神」「見性《けんしょう》」「解脱」「新生」といった言葉で表現される情意的な意識現象（純粋経験）である。

『善の研究』では、W・ジェイムズの『宗教的経験の諸相』を参照しながら、次のように述べられている。「神は我々の個人的自己のやうに具体的統一である、即ち一の生きた精神である。（中略）我々の意識の底には誰にもかかる精神が働いて居るのである（理性や良心はその声である）。唯《ただ》我々の小なる自己に妨げられて之を知ることができないのである。例へば詩人テニスンの如きも次の如き経験をもつてをつた。氏が静に自分の名を唱えて居ると、自己の個人的意識の深き底から、自己の個人が融解して無限の実在となる、而も意識は決して朦朧たるのではなく最も明晰確実である。この時死とは笑ふべき不可能事で、個人の死といふ事が真の生であると感ぜられるといつて居る」（巻一・一四九

～五〇）。

また、『哲学概論』には次のような記述がある。「一体、我々の生命の根柢には、単なる理性以上のものがあり、それによつて世界の真生命と結ばれてをり、そこに永遠の生命がある。かかる永遠の生命を求めることが宗教心である。神とはかかる永遠の生命の根源である。しかもこのやうな永遠の生命との合一には自我の転換が必要である。古来宗教に於て新生 Wiedergeburt とか回心 conversion, Bekehrung とかいふことが説かれざるを得ないのは、そのためである」（巻十四・一八五）、「宗教とは大なる生命に還り、大なる我に還るものである」（巻十四・一八七）。

一方、「宗教論」では、より個物に即した形で次のように表現される。「そこにはオットーのヌミノーゼ的なものに撞着《どうちゃく》するといふことができる」（巻十・三二三）、「我々の自己の底には何処までも自己を越えたものがある、而もそれは単に自己に他なるものではない、自己の外にあるものではない。（中略）而も我々の自己が何処までも絶対矛盾的自己同一的に、真の自己自身を見出す所に、宗教的信仰と云ふものが成立するのである」（巻十・三三二）、「故に宗教的回心とか、解脱とか云つても、一面に欲求的に、一面に理想的なる、此の意識的自己を離れると云ふことではない、況《ま》して無意識となるなど云ふことではない。そこでは益々明瞭に意識的とならなければならない、寧《むし》ろ叡知的とならなければならないのである」（巻十・三三二～三）、「矛盾的自己同一的に、斯《か》く自己が自己の根源に徹することが、宗教的入信である、廻心《えしん》である」（巻十・三三四）、「故に我々の自己は、何処までも自己の底に自己を越えたものに於て自己を有つ、自己否定に於て自己自身を肯定するのである。かかる矛盾的自己同一の根柢に徹することを、見性といふのである」（巻十・三五二〜三）。

こうした宗教体験はまさしく「心霊上の事実」であり、体験そのものが生じない以上、哲学で「捏造」するわけにはゆかない。宗教心（すなわち、宗教体験やそれを志向する衝動）は、潜在的には万人に共有されているとしても誰もが常に経験できるわけではない。その点は、「宗教論」の中でも次のように明記されている。「人は宗教家ではない、入信の人は稀である。（中略）真の体験は宗教家の事である」（巻十・二九五）、「宗教心と云ふのは、何人の心の底にもある。而も多くの人は之に気附かない。縦《たと》へ、気附いた人があつても、入信の人は少ない（中略）故に我々の自己が宗教的信仰に入るには、我々の自己の立場の絶対的転換がなければならない。之を回心《かいしん》と云ふのである」（巻十・三三二）。

## 哲学と宗教の関係

哲学は宗教体験そのものではないが概念的反省によってそれを合理的に説明しようとする営みである。こうした哲学と宗教との対比的説明は『哲学概論』の中に数多く現れる。たとえば、「真に深い哲学は宗教的内容を合理化したものとも考へられる」（巻十四・一八三）、「普通の科学が何かの仮定の上に立つてゐるに反し、哲学はかかる仮定から更に翻つて、それらを直接に与へられたものによつて統一し、その根源に還らうとする。ところがかかる直接な、真に具体的な、根源的なものは、実は宗教の内容でもある。その点、哲学と宗教とは合致する。しかし哲学はそれを概念的に明かにしようとし、宗教はそれを体験し、それを直接に生きやうとする。だから偉大な哲学は宗教的内容を含み、偉大な宗教は哲学的反省を含むのである」(巻十四・一九四)。

概念的な「説明」にとどまらず、絶対者を直観して直接的に一体化しようとする宗教には、哲学以上の価値があると西田は考える。だからこそ、宗教は「哲学の終結」(巻一・六)ともいわれるわけだが、しかし、宗教を「説明」する営みである哲学が、単なる付け足しに過ぎないということにはならない。なぜなら、『善の研究』の中で、詩人テニスン等の神秘体験を紹介した直後に、西田は次のように述べているからである。「或《あるい》はかかる現象を以て尽《ことごと》く病的となすかも知らぬがその果して病的なるか否かは合理的なるか否かに由つて定まつてくる」(巻一・一五〇)。

こうした記述は、哲学と宗教との関係を西田がどのように考えていたかを端的に表している。それは、宗教体験は汎神論哲学によって説明され、合理化されるものであり、そうでなければ病理現象と区別しがたいものになるということである。それゆえ、哲学には宗教体験の真理性を保証する重大な役割が担わされており、しかも、それが可能であるためには、哲学は、宗教体験から自立して独自に成り立つものでなければならない(7)。このように考えれば、哲学は決して宗教の〝補足〟でもなく、宗教に依存するものでもないことが明らかになる。そうした哲学の意義は、『善の研究』において次のような形でも説明される。「人は相容れない知識的確信と実践的要求とをもつて満足することはできない。(中略)我々は何を為すべきか、何処に安心すべきかの問題を論じる前に、先ず天地人生の真相は如何なる者であるか、真の実在とは如何なる者なるかを明《あきらか》にせねばならぬ」(巻一・三九)。『善の研究』の思想的ルーツが禅と西洋哲学のいずれにあるかを問われ、西田は「両方からだ」と答えているが[8]、われわれはその言葉を文字通りの意味で重く受けとめなければならない。

## 宗教体験と現実の世界

一方、西田のテキストには、特殊な宗教体験だけにとどまらず、それを可能ならしめる現実の世界の形而上学的構造自体を「宗教（的）」と表現する例がある。その意味では——個々人の宗教体験の有無にかかわりなく——汎神論的個物であるわれわれ自身が常に例外なく「宗教的」であり、哲学的に認識された世界を「知的宗教」と呼ぶことが可能なのである。『善の研究』にも、「宗教とは神と人との関係である」（巻一・一三八）とあり、そうした命題は、〈情意的な狭義の宗教〉と〈哲学的に捉えられた世界そのもの〉とが、ともに広義の宗教に包括されうることを示唆している。

同様の思想を「宗教論」から抽出すれば、次のようなものがある。「我々の自己が、我々の自己の生命の根源たる絶対者に対する宗教的関係に於ては、智者も愚者も、善人も悪人も同様である」（巻十・三二五）、「我々の自己が生命を脱して不生不滅の世界に入ると云ふのではない。最初から不生不滅であるのである」（巻十・三三四）、「此故に我々は自己否定的に、逆対応的に、いつも絶対的一者に接して居る。而して生即死、死即生的に、永遠の生命に入ると云ふことができる、宗教的であるのである」（巻十・三四〇）、「内在即超越、超越即内在の絶対矛盾的自己同一の立場に於て、宗教と云ふものがあるのである。（中略）宗教を否定することは、世界が自己自身を失ふことであり、逆に人間が人間自身を失ふことであり、人間が真の自己を否定することである」（巻

十・二六二)。(以上傍点・引用者)

広義の宗教が、情意的側面と知的側面とからなり、両者が互いに自立しつつ相互肯定的関係にあるとすれば、宗教全体が本質的に合理的なものだと考えることができる。西田自身その点を繰り返し強調しており、「宗教論」の中でも、「併し、宗教は非科学的なるが故にとか、非論理的なるが故にとか云ふならば、私は之に従ふことはできない」(巻十・二九六)と述べられる。

このように、西田のいう「宗教」は、次のような二つの側面を含む。

A・特殊な宗教体験、またはそれを志向する衝動(情意的宗教・狭義の宗教)。

B・(特殊な宗教体験を可能ならしめる)現実の世界の形而上学的構造(知的宗教)。

Aは誰もが常に体験できるわけではないが、Bは万人に対して常時妥当しており、哲学による概念的把握が可能であり必要でもある(実際、Aを切り離してBだけを取り上げれば、それを「宗教」と呼ぶ必要もないのかも知れない)。Aは「哲学の終結」であり、その直観はBの内容と矛盾しないが、一方、Aの真理性はBを認識する哲学によって保証されている。AとBとが自立しつつ、相互肯定的な役割を果たすということは、こうした関係から導かれるものである。(9)

## 五　第三の論点――対象論理と弁証法論理

### 対象論理1・宗教体験との対比

西田哲学の特徴は、いわゆる「対象論理」を批判しようとする独特の「論理」観にも表れている。しかし、批判されている対象論理が何を意味するのかは必ずしも自明ではない。

一つの解釈は、対象論理の「対象」を、対象化された内容（ノエマ）と捉えることである。しかしそうすると、「対象論理ではない」ということは、宗教体験のような「言亡慮絶」の境地を意味することになり、それはありえないことである。なぜなら、西田が提示しようとするものは「対象論理ではない論理」であって、論理を伴わない宗教体験そのものではないからである。西田自身、自己の哲学を言葉や「図式」によってノエマ的に表現し、二〇冊以上の著作と多くの講演を不特定多数の大衆のために残し、伝統的な東洋思想に論理性を与えて世界に通用するものにすることに重大な使命を感じていた。仮に、宗教体験が西田哲学の思想形成に関与していたとしても、哲学の構築そのものは宗教体験が終わった後で行われるものである。哲学は宗教を説明するものだが、それ自体が宗教体験ではない。従って、哲学の本質が概念的な「論理」であることを軽視するような解釈は受け入れることができない。（「純粋経験」というものも哲学的に考えられた概念である。純粋経験自体が思慮分別を排除した直観だとしても、われわれの意識現象を純粋経験として明確に理解〔自覚〕することは、あくまでも思惟の産物である。）

### 対象論理2・汎神論哲学との対比

対象論理に関する第二の解釈は、認識された世界を自分自身の外側にある「対象物」として把握する「主観・客観」図式のことだと解する説である。西田自身の発言はまさにこうした解釈を支持しているが、しかし、現代の経済学者も生物学者も、「君の研究対象は君自身とは無縁の対象世界ではないか」といわれれば、おそらく「そんなことはない」と答えるに違いない。つまり、この場合の「主観・客観」図式は、かなり特殊な意味で使われていると考える必要がある。実際、西田のいう対象論理は、(1)われわれの意識を完全に排除した世界観（たとえば、唯物論）、(2)個物としてのわれわれ自身のリアリティーが著しく希薄な世界観（たとえば、「無世界論」としてのスピノザ哲学）、(3)意識現象と外界とが断絶してしまう世界観（たとえば、物・心二元論や素朴唯心論、意識主体の実体化）などに対応している。こうしたものを除外してゆくと、結局、西田のいう「対象論理ではない論理」とは、内在的超越型の汎神論そのものになってしまうだろう。つまり、ここでいう「論理」とは、単なる方法論的な思惟法則ではなく、具体的な世界観自体に結びついているわけである(10)（もちろん、内在的超越型の汎神論は、西田にとっては、禅的な宗教体験とも一致するはずのものである）。

一方、内在的超越型の汎神論は、すでに論じたように矛盾を含む世界観である。従って、「対象論理ではない論理」は「矛盾の論理」であり、それはまた弁証法論理とも呼ばれる。弁証法論理のうちで、矛盾の解消（止揚）が可能なヘーゲル＝マルクス型の過程的弁証法を除いたものが絶対弁証法（すなわち「絶対矛盾的自己同一」の論理）である。絶対弁証法が「場所」的世界観に適用されたものが場所的論理（場所的弁証法）であり、それはまさしく内在的超越型の汎神論を指示している（また、場所的論理は具体的論理ともいわれ、無矛盾的な抽象論理・同一性論理と対比される）。ただし、絶対弁証法[11]（絶対矛盾的自己同一[12]の論理）は、汎神論だけでなく、時間・空間関係や行為的直観などの個別的問題にも幅広く適用される。

## 対象論理3・弁証法論理との対比

こうした経緯を踏まえて、対象論理・非対象論理の第三の含意が明らかになる。それは、対象論理を「無矛盾の論理（抽象論理）」、非対象論理を「矛盾の論理（弁証法論理）」と理解することである[13]。このことは、西田哲学そのものの基本的性格を浮き彫りにしている。

われわれが自己の経験（それは日常経験でも宗教体験でもどちらでもよい）を深く反省する時、必ず何らかの矛盾につきあたる。たとえば、時間の中で変化する事物は、常に、同一でもあり別異でもある。この場合、経験そのものをありのままに受け入れて論理的な矛盾を許容するか、あるいは、論理的な無矛盾を堅持して経験の側を再解釈するかの二者択一をわれわれは迫られる。時間の例でいえば、時間変化を「純粋経験の自発自展」「純粋持続（ベルクソン）」と捉えることは前者のケースであり、時間量子説や実数連続説は後者のケースである。西田哲学の基本姿勢は明らかに前者であり、経験世界をありのままに（あるいは、常識通りに）受け入れるためには汎神論的世界観や「永遠の今の自己限定」が要請され、それが成り立つためには矛盾の論理が許容されねばならないと主張するものである。それゆえ、竹内良知の次の言葉はまさに正鵠を射たものである。すなわち、「西田哲学はけっして禅体験の反省なのではない。それは直観的なものに基づいて実在的なものの構造を論理的に分析し徹底的に究明しようとする哲学である」[14]。（傍点・引用者）

しかし、「矛盾の論理」はある意味では受け入れ難いものである。（矛盾でなくても、たとえば、純粋経験に関する「個人あって経験あるにあらず、経験あって個人あるのである」という命題は、個我にとじこめられた常人には、理解はできても実感することは難しい。）論理と実感のギャップにヒュームが悩んだことは有名だが、西田がその溝をやすやすと乗り越えたのは、やはり禅的な宗教体験があったからだと推測しなければならない。ここにも、西田特有の哲学と宗教との相互肯定的関係を認めることができる。

ただし、この場合の「矛盾の論理」は、結果的に提示された世界観が矛盾を含んだ内容を持つということである。経験から世界観を導く思考過程が矛盾していてよいという意味ではない。無矛盾の古典論理[15]が維持されなければ、そもそも言語的思惟は成り立たないからである[16]。その意味では、「矛盾の論理」（非古典論理）は具体的な世界観の枠組みとしてのみ可能であり、思惟法則（メタ論理）としては、常に必ず対象論理（古典論理）でなければならない[17]（もちろん、そうした思惟自体も矛盾を含んだ「絶対無の自覚」から生じると西田は解釈する）。いずれにしても、西田自身が対象論理を完全に否定したわけではないことは、次のような記述からも窺える。「東洋的文化の立場は西洋的文化の立場を含まなければならない。東洋論理は対象論理を含まなければならない（云はば、科学的とならなければならない）」（巻九・四六三)、「場所が矛盾的自己同一的に、自己に於て自己を限定すると云ふ時、それは対象論理的でなければならない。唯《ただ》、対象論理的に限定せられたもの、考へられたものを、実在として之に執着する所に迷があるのである」(巻十・三三四)。

## 六　結論

個人としての西田はさまざまな宗教に共感を示したが、哲学者としては、キリスト教と浄土仏教を汎神論的に改良することを目指し、本来の(有神論的な)キリスト教や仏教は「神秘的」な「象徴」に過ぎぬと考え、「迷信」「妖怪」「魔法」「因襲」といった言葉でそれらの教義の実体化を批判した。

禅のような宗教体験に関しても、西田哲学構築の重要な源泉ではあったが、「晩に独参、無字を許さる。されども余甚だ悦《よろこ》ばず」というように、自ら満足できる禅体験を持たず、哲学による合理化を必要とした。ただ、信奉者の間では、西田哲学の知的側面は軽視され、西田自身の「人格」を偶像視する言説と相まって宗教体験とのかかわりが過度に重視された。

しかし、「哲学としての西田哲学」を評価する場合には、(仏教哲学も含めた)世界の古典哲学に広く見られる汎神論的世界観を精緻化し、それが「矛盾の論理」と結びつく必然性を指摘した点に、無視することのできない功績を認めなければならない。

**【補注】**

（1）「超越的内在」とは、第一章の補注（7）でも論じたように、世界から超越した有神論の神が、何らかの形で人間と実存的なかかわりを持つという思想である。それは、汎神論の場合の「内在的超越」とは根本的に異なる。一方、西田が青年時代以来、有神論に対して否定的であった論拠は、『善の研究』第二編第十章で詳論されている。「西田哲学とキリスト教との対話」が可能であるかのような議論は珍しくないが、キリスト教が有神論という意味での本来のキリスト教である以上、西田哲学との接点はありえないというべきであろう。

（2）自己の考える絶対者に対して、西田は、さまざまな宗教から文脈を超越して借用した呼び名を与えており、「神」「仏」「理」「涅槃」「不生不滅」などはその例である。

（3）ナーガールジュナの『マディヤマカ・カーリカー』（中論）第二二章では仏もまた「空」であると論じられ、浄土仏教においても阿弥陀仏は必ずしも実在視されていない。それゆえ、実在視しないが崇拝するという態度は、仏教の教義上は必ずしも不可能ではない。

（4）もっとも、西田自身の分類では、たとえ汎神論であっても超越型汎神論と見なされるものは、「対象化された絶対者」として有神論と一括される。一方、日本で有神論に批判的な立場をとったキリスト教思想家の例としては、プロテスタント神学者の滝沢克己（一九〇九～八四年）を挙げることができる。滝沢は神・人関係を「不可分・不可同・不可逆」と考えたが、そのうちの「不可分・不可同」は仏教的な「内在的超越」と共通している。

（5）スピノザの「神」も、意識現象と物理的世界との整合性を保証する役割を負わされていた。従って、神が世界の「望ましい秩序」を生み出すという意味で、有神論的な「善意の神」の混入を認めなければならない。（ちなみに、中世以来の西欧のキリスト教では、神が「完全」であるがゆえに、被造物である世界も合理的で秩序に満ちた予測可能な世界と考えられ、逆に、イスラム文化圏では、気まぐれで予測不能な世界こそ、人知を超えた創造主の「完全」性を表すと考えられた。）

一方、神が「完全」であることは宗教的には自明だが、哲学的にいえば、汎神論では「遍在する」がゆえに、また、有神論では「全知全能」のゆえに、神は「完全」である。こうした「完全」性が道徳的な意味での「完全」性に拡張されることで初めて、デカルト的な「神の誠実」という観念が成立する。

（6）『善の研究』では宗教体験の実例として西洋人の神秘体験が列挙され、西田自身の禅体験が語られることはほとんどない（「見性」という言葉も一か所しか出てこない）。また、禅の「不立文字」と哲学との溝も架橋不能であり、西田哲学と禅仏教を安易に結びつけることはできない。上田閑照も『善の研究』は禅を説いたものではないことはもちろん、禅の立場に立って書かれたものでもない」と繰り返し強調している（［上田ａ］九一頁、および［上田ｂ］一七三頁）。それ以外にも、禅仏教を過度に強調することへの批判は多い。たとえば［石神］一九八頁。竹内良知も「西田哲学は決して禅体験の反省なのではない」と述べている（［竹内］四三七頁）。また、西田哲学のルーツとして禅仏教以外のものを考慮せざるをえない点は、［末木］第三章、［井上ｂ］第一部第四章参照。

しかしながら、禅体験が西田哲学のルーツの一つであることは本人の証言もあり、否定しがたい（実際、『善の研究』の三年後に発表された「宗教の本質」では、『善の研究』第四編とほとんど同じ内容の文章が「神」を「仏」に置き換えた形で登場する）。ただ、理論的な部分も含めれば、西田の思想が（有神論でないのはもちろん）禅仏教そのものの祖述でもないことは明らかである。西田自身、キリスト教的宗教と仏教的宗教に関して、「しかし抽象的に単にその一方の立場にのみ立つものは、真の宗教ではない」（巻十・三四五）と記している。

また、初期の西田哲学では、宗教体験を「個が絶対者に融解する」というように神秘主義的に表現し、晩年には「絶対者の自己否定である個物の自覚に徹する」というように個物に即して表現しているが、これは、同じ宗教体験の表現上の違いであろう。『善の研究』にも最晩年の「宗教論」にも、意識が朦朧となるわけではないといった記述が、共通して現れるからである（第二章補注（10）参照）。

（7）哲学の自立性に関していえば、西田は「宗教論」の中で、宗教を主題として論じる場合には、主題を正しく同定するためにも論者にはある程度の宗教的意識がなければならないと論じている（巻十・二九七）。それは、「宗教論」が宗教と哲学との関係を論じるものであり、「AとBとの関係」を理解するためにはA・B各々をある程度理解していなければならないからである。従って、もっぱら哲学を理解する場合に、宗教的意識が必須であるとはいえない。

（8）［森本孝治］六、七頁。ただし、『善の研究』の中で、禅（見性）体験と直接結びつく箇所は、純粋経験の特殊なケースとしての「宗教体験」であり、純粋経験一般ではない。禅的な宗教体験をもとにして日常生活を「再解釈」したものが純粋経験だといえるが、純粋経験自体はあくまでも行住坐臥の日常生活全般を指すものである（第二章参照）。

ちなみに、禅の見性体験は「言亡慮絶」の境地といわれるが、体験者の証言は数多く蓄積されており、大体の内容を推測することは可能である。たとえば、仏教学者の玉城康四郎は「これは全く一瞬にやってきます。そうしますと今までの疑いも自己意識も、何もかもがいっぺんに吹っとんでしまって、絶対そのものに充足されてしまう。その刹那には何がなにやら全く分かりませんが、だんだん落ちついてきて、喜びが腹の底から湧いてくる」と記している（［玉城b］二一五頁）。こうした自己同一性の一時的解体が、多くの証言に共通する内容である。いわゆる離人症が不安や疎外感を伴うのに対して、安心と喜びを伴う点が大きな特徴である。もちろん、かかる現象を脳科学的に分析することは可能でもあり必要でもある。一例を挙げれば、［玄侑］の「二」。（また、自己と他者との「結合」に関する西田の記述には、統合失調症における知覚と酷似する箇所があるといわれるが、宗教体験との関連は明らかではない。第四章補注（6）参照。）

（9）AとBは、伝統的な東アジア仏教における「始覚」と「本覚」に相当する。始覚に到る修行も本覚の中に包まれることは、禅僧・道元が「修・証一等」と呼び、インド後期密教のヴィルーパとチベット仏教サキャ派において「道・果」説が指摘する通りである。また、中国の北宗禅は始覚を重んじ、「仏性常清浄」「本来無一物」を唱える南宗禅は本覚に着目していると考えられる。さらに遡れば、ナーガールジュナの二重真理説における真諦にはA・B両様の解釈が含まれ、新プラトン派の「一者への還帰」も、宗教体験（A）と、超時間的プロセス（B）との両面を含んでいる。こうした問題は、キリスト教や浄土仏教のような有神論型救済宗教においても、「信仰によって救いを求める」ことと「神（仏）によってすでに救われている」こととの二重性として絶えず問題になるテーマである。

一方、西田の「逆対応」はAの意味で理解可能な箇所もあるが、「対応」という言葉がもともと無時間的な数学用語であることからすれば、宗教家の悟りの過程（始覚）といった意味ではなく、Bの意味で理解するのが原則であろう（その点が、「永遠の今」を「信仰の瞬間」と考えるK・バルトと異なるところである）。また、中期のテキストでは「絶対無の自覚」がAの意味での「宗教的意識」と同一視されているが、そうすると、宗教家が悟るまで絶対無は自覚せず、現象世界は存在しないことになり不条理である。これは、本来Bの意味であるべき「絶対無の自覚」がAと混同されたことによる混乱というべきである。

他にも、西田のテキストには、「純粋経験」「自覚」「直観」「創造的自己」「私と汝」など、同じ言葉でありながら、行住坐臥の日常全般を指す場合と、非日常的な特殊な経験を指す場合とが混在している例が多い。レトリック上は後者を示唆する場合も多いが、哲学としての真意はあくまで前者（すなわち、特殊な経験も含めた上での、日常的世界そのものの真相）と考えるべきである（第四章の補注（6）参照）。

(10)　一つの世界観は、(a)日常経験の反省と、(b)一般的な概念体系の構築と分析によって生み出される。後者の場合の「概念体系」を、西田哲学では「論理（構造）」と呼ぶ。ただし、そうした「論理」は、現実世界に対応する具体的な内実（たとえば「時間」「空間」）をすでに含んでおり、結局のところ、世界そのものの哲学的表現に他ならない。そうした、いわば「形而上学」と、単なる思惟法則としての論理とが、西田の「論理」には混在している。

(11)　この場合の「絶対弁証法」は、田辺元の「絶対弁証法」と同じ意味ではない。また、弁証法論理に関しては、次のような説明もある。「弁証法といふのは論理から発展した。併し私は弁証法といふのは、我々が行為によつて物を見、逆に物が我々を限定する、我々は物の世界から生まれると云ふにあると思ふ。弁証法論理は行為的実在の世界の論理でなければならない」(巻七・三)、「主客相反するものの自己同一といふ弁証法的立場」(巻七・四)。この場合、主観と客観が絶対矛盾的自己同一をなし、互いに限定し合うこと(行為的直観)が、弁証法論理の内容である。だが、そうした論理自体、行為的直観の過程から生まれて来る(第四章の補注(7)参照)。また、主・客の矛盾的自己同一を客観(否定)の側から限定したものが対象論理であり、科学の立場だとされる。

(12)　XとYとが「別異で、かつ、同一」であることが論理学的な意味での「矛盾」だが、西田は、その中の「別異」を「(絶対)矛盾」、「同一」を「自己同一」といいかえて「絶対矛盾的自己同一」と称し、その全体をさらに「即」といいかえた(XとYとが、条件のいかんにかかわりなく同一であることが、XとYとの「自己同一《アイデンティティー》」である)。従って、「絶対矛盾」と「自己同一」とは対等の関係で結合しており、前者が後者の単なる修飾語というわけではない。「絶対矛盾」と「自己同一」を区切らずに読めと西田がいうのもその意味である(［務台］第二話)。一方、「別異で、かつ、同一」の「別異」を「非」、「同一」を「即」に置き換えれば、鈴木大拙のいう「即非」となる。従って、通常の論理学用語の「矛盾」と、西田のいう「(絶対)矛盾的自己同一」および「即」、鈴木のいう「即非」は、概念的には同じことのいいかえに過ぎない。鈴木の著作における「即非」の用例の変遷に関しては、［竹村］の第二部第二章参照。

また、西田のいう「矛盾」は、単なる「別異」と論理学的意味での「矛盾」(すなわち「絶対矛盾的自己同一」)の両面を含むだけでなく、「多面性」「変化」「対立や葛藤」「悲哀」を含むこともある。

一方、「逆対応」は、絶対矛盾的自己同一を、「矛盾」の側面を強調しつついいかえた概念である(［小坂b］

らない。

第六章)。ただし、その「矛盾」は単なる「別異」ではなく、絶対者と個物のような対極的な関係でなければな

(13) 一九四五年三月十一日の鈴木大拙宛、西田書簡には「大体従来の対象論理の見方では宗教といふものは考へられず、私の矛盾的自己同一の論理即ち即非の論理でなければならないと云ふことを明にしたいと思ふのです」とあり、「宗教論」でも、「併し私は何処までも対象論理的に考へるのではない。私の云ふ所は、絶対矛盾的自己同一的に絶対弁証法的であるのである」(巻十・三一七)とある。こうした記述では、対象論理が、矛盾の論理(絶対矛盾的自己同一の論理、即非の論理、絶対弁証法)と対比されている。

(14) [竹内] 四三七頁。ちなみに、量子力学のコペンハーゲン解釈を、西田は矛盾の論理の好例として紹介する(巻九・四〇一)。これに対して、無矛盾性を堅持して経験の側を再解釈する立場には、ヒュー・エヴェレットの多世界解釈があるが、いうまでもなく、それが発表されたのは西田の死後であった。

(15) 論理学は伝統的論理学と記号論理学とに分かれる。西田哲学は原則として伝統的論理学で論理を考えており、「弁証法論理」も(本文の意味での)「対象論理」も、伝統的論理学の用語である。一方、「古典論理」は、矛盾を許容しない標準タイプの論理だが、記号論理学に属する。

(16) ちなみに、形式論理が言語規則であることを強調したのは大森荘蔵である。大森は、言語規則であるがゆえに形式論理は必然的だと考えたが、その場合の形式論理は必ずしも古典論理に限定しなかった。ただ、どの範囲まで非古典論理が許容されるのかは必ずしも明確ではない[大森b]。

(17) ただし、西田自身の記述の中には、論文「私の論理について」(一九四五年・絶筆)のように、矛盾の論理を「思惟の方式」と明記しているものも見受けられる(巻十・四三二)。

# 第七章　総括と展望

## 汎神論をめぐる思想史的スケッチ

### 一　はじめに

瞬間と瞬間、個物と個物が、互いに何らかのかかわりを持つためには、世界全体を包括する「無の場所」である汎神論的絶対者が必要である。こうした西田の主張は、説明としてはまだまだ大雑把なものかも知れない。世界を構成する個物が互いにかかわり合うという「常識」が、なぜ汎神論的絶対者を要請するのか？　その厳密な証明は、第九章の「四」で改めて行いたい。

本章の課題は、西田哲学に限らず広く世界の思想史に見られる汎神論的世界観を要約し、それが、西田のいうように、矛盾の論理に立脚することを明らかにすることである。ただし、多くの思想家の思想体系から関連する部分を抽出し、最大公約数的に整理するものであるため、特定個人の思想そのものと完全には合致しない。

## 二　純粋質料

### 質料・形相／純粋質料・純粋形相

アリストテレスは、「質料」「形相」という概念を説明するために銅像の例を挙げ、像の形が形相であり、素材の銅塊が質料であると述べた。しかし、それをさらに（自然科学的な意味で）分析してゆくと、銅とは特定の素粒子と空間がある一定のパターンで配列されたものであり、しかも、素粒子も空間も各々時空の場の一つの状態に過ぎない。それゆえ、個々の「場」の状態が形相、「場」そのものが質料だと再解釈することができる。そしてこのように考えてゆくと、質料は、究極的にはもはや何ものでもない完全な「無の場所」、すなわち純粋質料に到達するはずである。

そうした純粋質料に対して、「形そのもの」である純粋形相が組み合わされる時、現実に認識されるさまざまな「現象（存在者）」が成立可能になる。いいかえれば、実在する諸現象の「かたちの根拠」が（純粋）形相であり、「存在の根拠」が（純粋）質料である。

形相は、事物の本質（イデア）という意味で使われる場合もあるが、ここではより広く、「かたち（様態）」一般という意味で使いたい（もちろん、図形的な意味での「かたち」とは限らない）。また、「質料」「形相」には、(a)個々の現象に内在する分析概念としての「存在」や「かたち」を指す場合と、(b)現象から半ば独立し、諸現象の「存在」や「かたち」の根拠となるような実体を指す場合の両方がある。後者であることを強調する場合に限り、「純粋質料」「純粋形相」と呼ぶことにする。(1)

## 絶対無と絶対有

純粋質料は、一切の物理的存在者が生じる場所であり、また意識現象の生じる場所でもある。それは、鏡や海にたとえられ、中国ではガス状の「気」、古代ギリシアでは、「アルケー」「ト・アペイロン」「ト・ヘン（一者）」「コーラ」などと呼ばれたが、いずれにしても何らかの意味で、特定の「かたち」を生み出す源泉でもあった(2)（後述する「発出論」）。しかし、本当の意味での純粋質料は、あらゆるかたちの現象に遍在し、それゆえ、いかなるかたちとも結びつかず、どこまでも純粋な無でなければならない。それは、純粋な「存在」そのものであり、「存在」の源泉であるがゆえに、同時に完全な「無」（無形相）でもあるわけである。イメージ化すれば、「豊饒」の中の「静寂」とでもいえよう。

純粋な「有」が「無」に他ならないことは、ヘーゲルの『論理学』でも論じられている（ただし、そこでの議論の対象は「有」「無」という二つの概念であり、両者は意味的に関連し合いながらも、一応別物と考えなければならない）。一般に、西洋哲学は「存在」を重視し、東洋哲学は「無」を重視するといわれるが、論理的にいえば、純粋「無」は純粋「有」であり、無我は大我であって、一方のイメージだけに固執するのは単なる文化的な偏見である。西田の「絶対無」に対して、「絶対無」と「絶対有」は区別できないことを指摘したのは左右田喜一郎だが、それに対する西田の反論は、単に、絶対無が「相対的な有・無」を超えた無形相のものだと述べるだけであり、有効な反論とはいえなかった。

## 純粋質料における作用と形相

一方、純粋質料とか「無の場所」といえば、何らかのモノのような印象を与えがちである。しかし、もともといかなる形も姿も伴わない純粋質料が、物理的なモノでも場所でもあるはずがない。それは単に、現象が「存在する」ことの根拠として定義されうるに過ぎず、その意味では、諸現象を存在せしめる「作用」だといいかえてもよい。

またそれは、「有る」という「かたち（形相）」だと考えることもできる。「有」の形相は、事物に対して「存在する」という「かたち」を付与する原因であり、結果的に純粋質料と同じ性質を持つからである。[3]つまり、この場合に限り質料と形相は区別がつかないことになる。

このように、「質料」と「作用」と「（有の）形相」とが互換的である点を、純粋質料の特質の一つと見ることができる。

## 自らを根拠とする純粋質料

諸現象の「存在」の根拠である純粋質料は、たとえそれが実体として独立に存在したとしても、個々の現象と同じ意味で「存在」しているとはいえず、必然的に「存在」するわけでもない。しかし、純粋質料というものを独立に考える時、あたかも個々の現象（モノ）と同じ意味で存在しているかのように錯覚しやすい。そうなると、必ずあらためてそれ自体の「存在の根拠」が求められ、この場合には、それが自分自身に他ならないということになる。(4) こうして、「自らを根拠として必然的に存在するもの」(スピノザ『エチカ』第一部定義1・定理7)という、純粋質料のもう一つの定義が導かれるわけである。

しかし、この解釈は、現象の「存在の根拠」と純粋質料自体の「存在の根拠」とを混同しており、批判の余地がある。ただ、現実の世界が常に必ずさまざまな現象で満たされており、そうした諸現象の背後には必ず「存在の根拠」である純粋質料があると考えれば、純粋質料が恒存すること自体は、否定できないであろう。

## 純粋質料の基本矛盾

こうした考察から、われわれは、「存在」の根拠を、現象に内在する分析概念としてではなく現象に内在しつつも現象から自立した純粋質料と考えた場合の、明らかな矛盾を、次の二点にまとめることができる。

**矛盾1**・それは、現象から独立して存在しているのに、いかなるかたちでも現れない。
**矛盾2**・それは、それ自体の無形相な姿のままで現象の中に現れていなければならない。

## 三　汎神論と「永遠の今」

### 純粋質料と汎神論

純粋質料はそれ自体いかなる形態も持たない。しかし、刻々の現象世界に「存在」を付与している「存在」の源泉である。現象相互の一切の相違は形相に由来するものであり、質料そのものは、どの現象においても区別がないと考えられる。今の私の意識現象も昨日の彼女の意識現象も、物理的存在者としての宇宙全体も、その背後に輝く純粋質料は同じものである。それゆえ、同一の純粋質料が、顕現するすべての現象の背後にあってその「存在」を保証していることになり、これが汎神論の「神」と呼ばれるものである。(5)

時空をこえた永遠のものという意味では、純粋形相（イデア）も永遠である。しかし、形相には多くの種類があり、特定の純粋形相が――「有」の形相を除き――すべての現象に現れるわけではない。この点で、純粋形相には普遍性がなく、汎神論の本体としては純粋質料の方がふさわしいといえる。(6)結局、個々の現象は一瞬ごとに生滅する多様なものだが、そうした多様な現象の各々において「純粋質料は常に顕現し」、なおかつ「それらが同一である」ということが汎神論の「神」の本質である。

ただし、現象世界に対し「内在的超越」の関係にあるものとして、広い意味で「汎神論的絶対者」

を考える場合も多い。その場合、絶対者には、⑴現象世界の「存在」の根拠（純粋質料）、⑵「かたち」の根拠（純粋形相の集合体）、⑶両者の総合（いわゆる「発出論」）の三種類を想定することができる。物理学者のA・アインシュタインがスピノザ型汎神論の信奉者であったという場合も、それは、⑵の方向でイメージされる汎神論であった。

## 汎神論の二類型とそれらの持つ矛盾

刻々に姿（形相）を変え、異なった現象として現れながら、なおかつ本体は同一であり続けるような絶対者（神）の観念を、メタモルフォーゼ型汎神論と名づけておこう。このことの神話的表現が「化身する神」というイメージであり、インドではおなじみのものである。

一方、同じことを神の側から捉え直すと、全時空のすべての現象がことごとく神の中に含まれることになり、これをパノラマ型汎神論と名づけることにする。その神話的表現が「世界のすべてを同時に心の中で見ている神」というイメージであり、キリスト教やヒンドゥー教の哲学的解釈においてしばしば見られる絶対者像である（タントラ仏教の主尊であるマハー・ヴァイローチャナやヒンドゥー神話のクリシュナは、メタモルフォーゼ型とパノラマ型の両方の性格を兼ね備えている）。

パノラマ型汎神論において神の心に映った世界は、時空のすべてが一瞬のもとに顕現している「永遠の相」の世界（S）である。そうした「世界全体」が超時間的に実在すると考えるならば、今ここで現象Aが現れている時にも、Aを含んだ世界全体（S）が、同時にその背後に存在していることになる。その場合、A以外の世界の残りは、過去や未来や「別の場所（他者）」という様相で「今ここ」（A）の中にたたみ込まれている。これがいわゆる「永遠の今」の自己限定であり、過去や未来のすべての現象が「今ここ」の中に（あるいは背後に）潜在的に現れるという世界観である。

しかしながら、（他者はいうまでもなく）自分自身の過去や未来も、今現在の意識の中では単なる記憶イメージや予測イメージに過ぎない。今ここに過去形で「現れ」ている事象と、それが現在形で現れた時の事象とが完全に同一だとすれば、それは、J・E・M・マクタガートのいうようにまさしく矛盾であろう。(7) 従って、すべての事象がさまざまな形（様相）で今ここに実在する（すなわち、「ない」ものが「ある」）と考える「永遠の今」の自己限定は、基本となる矛盾1と矛盾2の上に、さらに新たな矛盾を積み重ねる世界観なのである。

一方、メタモルフォーゼ型汎神論からも、同じ世界観を導くことができる。まず、現象Aの背後にそれを映し出すためのスクリーンを想定し、それを純粋質料aと呼び、現象Bの背後にも同様に純粋質料bを想定する。純粋質料は完全な無形相だからaとbとは区別できない。そして、aとbが同一視される以上、各々に貼りついている形相「A」と形相「B」もそれにつれて重なり合わなければならない。こうして現象Aに全世界が重層し、「一滴のしずくの中に宇宙がある」という詩的幻想が導かれる(8)（当然この論証は、パノラマ型汎神論において、今ここに現れた現象Aが世界全体Sと重なり合うことの証明にも用いられる）。

しかし、この論理が単なる言葉のトリックであることも明らかである。すなわち、質料と形相とを分離するからこそ、形相が変わっても質料は常に「同一」だといえるわけである。もしも質料と形相とを結合して「質料が同一である以上、さまざまな形相（現象）も一つに重なり合うはずだ」と主張するならば、両者が別物であるという前提が無視されることになる。つまり、こうした論証は、「純粋質料を形相（現象）から分離できる」という考えと、「分離できない」という考えとを恣意的に使い分けており、まさしく矛盾2の〝悪用〟なのである。こうして、どちらの汎神論から考えても、「永遠の今」がきわめて不可解な矛盾の産物であることは明らかとなる（そうした矛盾を「矛盾の論理」の名のもとに正当化することの可否は、「六」で改めて検討する）。

「永遠の今」についてはまた、次のような解釈もある。すなわち、「今ここには現象Aしか現れていないが、他の諸現象B、C、Dも――今ここ以外の時と場所で――確かに存在する。それらが存在するというコト自体は、今ここにおいても妥当する。従って、B、C、Dは（たとえ今ここにはなくとも）常に永遠に存在している」。これは、現象世界の「あり方」を、生滅する現象世界から分離して、一つの純粋形相として実体化した考えである。こうした議論がもっともらしく聞こえるのは、今ここにあるものもそうではないものも、すべてを含めた「世界全体」がそれ自体一つの存在者として時空を超えて存在するという幻想のおかげである。すなわち、これは、普遍的な純粋質料の上に時空の全領域が顕現するというパノラマ型汎神論から導かれる空想の産物である。

## 四　思想史における汎神論の展開

### アートマンとブラフマン

今ここに「太くて赤い鉛筆がある」と仮定しよう。今ここの現象だけを考えれば、「太くて赤い鉛筆がある」という視覚映像は、それ自体、厳然たる存在者である。しかし、将来のことまで考慮に入れると、誰かがこの鉛筆を削って細くしたり色を塗りかえたりするかも知れず、また、鉛筆ではない粘土細工の工具として使うかも知れない。結局、そうした変わりうるものを一切取り去った後に残るものは、すべての形相を捨象した「このもの」としかいいようのない代物である。それは、無形相という意味では純粋質料と同じだが、「このもの」として特定される点では「限定された純粋質料」といわなければならない。

そうした限定された純粋質料の好例は、「私自身」、すなわちインド哲学でいうアートマンである。実際、感じたり思ったりしている内容（形相）をすべて取り去った後の主観（私自身）とは、何ものでもない無の場所であり、純粋質料に他ならない。しかも、意識の内容が刻々に変化してもそれ自体は同一であり、「私」という持続するものの基体であって、たとえ輪廻転生してもそれ自体は永遠に持続すると主張される。

しかしながら、それが完全な無形相ならば、この宇宙の全事象の背後にある純粋質料（絶対者）とも同一のはずである。こうして、「アートマン（自我）とブラフマン（世界の根源）とが、純粋質料という意味では区別できない」という「梵我一如」の命題が導かれる。[9] つまり、純粋質料は、世界全体を包む汎神論的絶対者としてイメージされる場合と、「今ここ」のような具体的な現象（あるいは連続する現象群）の背後にある「このもの」としてイメージされる場合との、両方があるということである。

## 思想史上の純粋質料と純粋形相

現象世界は通常、A→B→C→というような因果連鎖の形で進行する。こうしたつながりをヨコの因果関係と名づけるならば、一方で、「A→B→C→」の流れの全体が、ある根源的な根拠から生じていることをタテの因果関係と呼ぶことができる。その場合の「根源的な根拠」とは、一つの世界全体を存在せしめる純粋質料であり、もう一つは現象生起の「あり方（かたち）」を決定するさまざまな純粋形相である。

後者には、プラトン哲学の「イデア」以外にも多種多様な概念を含めることができよう。たとえば、現象世界のあり方を規定する「理法」ないしは「自然法則」。変化の原因である「エネルギー」。あるいは、意識現象を統御する「心（主我）」「超越論的統覚」（カント）、「生の意志」（ショーペンハウアー）。さらにいえば、アリストテレスの「不動の動者」や理神論の「神」。そして、これらの最も一般化された表現が、一切の現象をかくのごとくあらしめる「運命」という概念に他ならない。

思想史の上では、純粋質料も純粋形相も各々微妙に異なったニュアンスで用いられ、しかも、しばしば混同されたり入れ代わったりしてきた。プラトン哲学のイデアは純粋形相だが、「有のイデア」「善のイデア」――そしていうまでもなく新プラトン派の「一者」――は純粋質料である（「一者」を「存在の根拠」として明確に定義したのは、ルネサンス時代のピコ・デラ・ミランドラであった）。同じように「神」といっても、アリストテレスの「不動の動者」やスコラ学における神は純粋形相と考えられ、一方、エックハルトやスピノザのような汎神論的哲学では純粋質料に引きつけてイメージされた。また、無限の光であるアミターパ・ブッダ（阿弥陀仏）は、絶対者としては汎神論的純粋質料と考えるべきものだが、親鸞はこれを、運命を支配する至高神として再解釈した。また、中国の「無極にして太極」は、古代の易から周敦頤《しゅうとんい》までは純粋質料そのものだが、程兄弟と朱熹《しゅき》はこれを「あるべき規範」（理）として純粋形相的に把握した。

しかもこれらの観念は、文化的な背景によって、単なる哲学上の概念にとどまることもあれば、信仰や儀礼の対象にもなり、またしばしば神話上の人格神とも同一視された。

地理的にいえば、純粋質料概念を含む思想は、世界全体に分布している。それが常に主流派であり続けたのはインドであり、中世以降、著しく有神論化してゆくものの、普遍的な絶対者への信仰は『ヴェーダ』の時代からマハトマ・ガンジーやR・タゴールまで一貫して受け継がれた。仏教は、これに対する批判として出発するが、大乗仏教後期にはしだいに純粋質料思想に吸収され、そういう形で中国やチベット（カギュ派、ニンマ派）にも伝播した。

中国では、仏教と老荘思想が、各々独自に純粋質料の概念を有していたが、体制イデオロギーである儒教の側は必ずしもそうではなく、形相中心の文化を保持し続けた。

一方、西アジアは古来有神論の伝統が強く、イスラム教成立以後は特にその傾向が強化された。しかし、異端の哲人バーヤジード・バスターミやイブン・アラビーは、新プラトン派の影響のもとで神を汎神論（純粋質料）的に解釈し、この流れを受け継ぐスーフィズム（イスラム神秘主義）は、キリスト教側の神秘主義よりもはるかに大きな影響力を持ち続けた。

ヨーロッパでも、古代ギリシア以来、純粋質料概念は途絶えることなく主張され、古代末期には新プラトン派となり、それは、キリスト教神学やユダヤ教カバリズム、イスラム哲学などにも強い影響を与え、ヘーゲル哲学の遠いルーツともなった。ただし、形相中心のプラトン・アリストテレス哲学とキリスト教有神論の支配する中世においては、汎神論的な純粋質料思想（キリスト教神秘主義）は完全な傍流にとどまり、神秘主義の盛んな東方正教の文化圏でも、汎神論に発展する例は少なかったといえる。(10)

## 五　純粋質料と現象世界との関係

### 純粋質料と現象世界

さまざまな現象が互いに相互関係を維持するには、それらのすべてが共通の「場所」の中に位置づけられていなければならない。その「場所」は、世界全体の背後にひそむ単一不可分の無のスクリーンと考えられる。こうして無形相の純粋質料が要請されるが、何ものでもない無のスクリーンが現実に現れることはなく、それは直ちに一定の形を持った具体的な「現象」に転化する必然性を持つ。結局、純粋質料は、常に、世界超越的に肯定され、かつ、世界内在的に否定される自己矛盾的本質を持つ。[11]それは、われわれにとっては、「永遠に別れていながらわずかの間も離れず、一日中対面しながら一瞬たりとも向き合わない」（禅僧・妙超）神秘のスクリーンであり、「現れつつ隠れ、隠れつつ現れる」（ハイデガー）永遠に秘められた不可知の実在なのである。

その場合、無形相の純粋質料と「かたち」ある現象世界との間には、次のような三通りの関係を考えることができる。

(1) 純粋質料と現象世界とが、矛盾したまま重なり合う。（文字通りの「矛盾的同一」「具体的一般者」。たとえていえば、鏡面と映像、海と波のようなもの。）

(2) 純粋質料と現象世界とは重なり合うが、後者は元来虚妄に過ぎない。[12]（映像や波の虚妄性を強調するこの立場は、中世インドのシャンカラの「不二一元論」が典型であり多くの神秘主義思想に共有されている。）

(3) 純粋質料と現象世界とはあくまでも矛盾し合い、一方から一方へと無限に循環するような論理的関係にある。（この立場は、後期西田哲学の「逆対応」やラーマーヌジャの「限定的一元論」に相当する。それは結局、(1)の中の矛盾を強調したものだが、(2)に比べると、現象の側のリアリティーをより一層肯定することになる。）

それでは、同じ論点をもう少し別の角度から検討することにしよう。

### 汎神論の四類型

単なる分析概念としての「質料」「形相」は個々の現象に完全に内在しているので、現象相互を結びつける媒介者になることはできない。従って、現象相互間の「関係」を維持するには、独立した実体としての純粋質料・純粋形相を考え、次のように図式化することが必要になる。

Ａ　純粋質料　＋　純粋形相　↓　Ｃ　現象

こうしたモデルが、現象相互間に「関係」を成り立たせる理由は、第九章の「四」で明らかにされる。ここでは、汎神論の諸類型に議論を限定したい。

〔タイプ１・超越型汎神論〕

Ａ（純粋質料）がさまざまな現象を結びつける媒介者となるためには、Ａ自体は、何ものでもない無形相でなければならない。その意味では、ＡはＢ（純粋形相）からもＣ（現象）からも区別され、結果的に、Aだけを汎神論的絶対者と定義する「超越型汎神論」が導かれる。
しかしその場合、絶対者Aは現象Cから完全に切り離された「現れない神」になってしまう。何ものでもないものが独立して存在するということ自体矛盾だが（矛盾1）、その上、このモデルでは、絶対者が現象界をあらしめるということも不可能になる。D・ヒュームのいうように因果関係が実体視できない以上、独立したAが独立したCを因果作用によって発生させるとは認められないからである（これは、有神論において、創造神の意志が因果作用によって被造物を生み出すという場合にも当てはまる問題である）。結局、ヘーゲルがスピノザの汎神論を批判したように、超越型汎神論は「背後に潜む無意味な死物」に過ぎないといえる。(13)

〔タイプ2・内在的超越型汎神論〕

そこでわれわれは、「内在的超越型の汎神論」に移行することになる。それは、AとCとを「矛盾的同一」の関係で重なり合うと考え、両者を包括したものを真無限的な汎神論的絶対者（D）と定義することである。いいかえれば、「無形相の絶対者Aが、かたちある現象Cの中に（無形相という）それ自体の姿のままで顕現している」ということである（矛盾2）。実際、「今ここの〈私〉も宇宙全体も、その〈本体〉に関しては常に同一である」という「梵我一如」は、こうした矛盾を容認しなければ成り立たない。それゆえ、このタイプの汎神論は、西田哲学においては「絶対矛盾的自己同一」と呼ばれ、「万有在神論」とも呼ばれる。

さらにこのタイプの実例を思想史上から探してみると、「色即是空」を純粋質料モデルで解釈した場合の後期大乗仏教の世界観を挙げることができる。この場合の「色（ルーパ）」は現象世界C、「空（シューニャター）」は純粋質料A、「色」と「空」とが同一（色即是空）である以上、その全体があらためて「空」でなければならないので、後者の「空」が現象世界を中に含む究極の「空」Dということになる。

### 〔タイプ3・変形タイプ——発出論（流出論）〕

次に、内在的超越型汎神論の変形タイプを考えよう。それは、「絶対者である純粋質料Aから形相Bが派生し、それによってAが自らを有相化して、次々に現象Cに転化してゆく」というモデルである。こうしたイメージは、発出論あるいは流出論と呼ばれ、古代ギリシア人がピュシスと呼んだ世界観である。新プラトン派のプロティノスに典型的に見られるが、「かたち」の生成が宇宙の始元において生じたという説話も、こうしたモデルのヴァリエーションといえる。

もっとも、発出の過程が時間的なプロセスではなく、有相化以前のAと有相化以後のCとが超時間的に重層すると考えれば、このタイプは、内在的超越型の汎神論と区別しがたい。

ただ、「純粋質料が形相を派生させる」というレトリックは、世界が自ら萌えあがる神話的イメージと結びつきやすく、それなりの説得力を持つ。しかし、信号が赤である限り青ではないように、「かたち」とは常にXの肯定と非Xの否定をともに含意している。従って、もしも「Xがある」ことが「存在の根拠」によって保証されるのならば、「非Xがない」ことも「存在の根拠」によって保証されなければならない。しかし、それは不可能である。「存在の根拠」とは――Xか非Xかを問わず――何かが「ある」ことの根拠でしかないからだ。それにもかかわらず、「存在の根拠」から「特定のかたち（の根拠）」が派生するように錯覚しやすいのは、次の二つの原因に依る。

一つは、映写機の光源を切ると映像も消滅し、フィルム（形相）の作用も無に帰してしまうことである。「存在」の消滅は、現象における「かたち」の消滅でもある。このことが、「存在の根拠」が「かたち」をも生み出しているように思わせる原因である。しかし、映写機の光源が映画の内容まで決めてはいないように、それは、明らかに錯覚である。

二つ目は、純粋質料が時空を超えた「世界全体」を必然的に顕現させることである。もちろん、「世界全体」のあり方はB（形相）が決めるわけだが、過去や未来が（「永遠の今」として）一斉に顕現することは純粋質料の作用だともいえる。そして、今ここの現象Xのあり方は、Xの過去（や未来）によって決められているように見える。このことから、すべての現象のあり方が純粋質料によって決められているという錯覚が生じる。(14)

こうした発出論は、汎神論的絶対者が世界の「あり方（かたち）」の根拠でもあることを示しており（BかつC）、その延長上に――もはや純粋質料ではなく――純粋形相のみの集合体としての汎神論が考えられる。もちろん、それは、内在的超越型汎神論の持つすべての矛盾を共有する。しかも、「二」で述べたように形相には無数の種類があり、（純粋質料と同一である「有」の形相を除いて）一種類の形相がすべての現象に内在することはありえない。

〔タイプ4・内在型汎神論〕

これらに対し、純粋質料である絶対者が自ら形相にもなり、それ自身の論理必然的な本性によって宇宙の一切を生成させるという「完璧な汎神論」を構想したのがヘーゲルだった。ヘーゲルが注目したのは、純粋質料が同時に「有」という純粋形相（概念）でもあることである。しかし純粋質料は、内容的には無形相であり、その結果「有」の概念は直ちに「無」の概念に変成し、そこからさらに「成」という概念が成立する。以下、連想ゲーム的にさまざまな概念が生み出されて行って、最終的には一つの包括的な概念の体系が出来上がる（その展開は超時間的なプロセスであり、最初と最後は「矛盾的自己同一」的に重なり合う）。この体系の全体がヘーゲルにとっての絶対者であり、それがさらに姿を変えて、物理的世界や精神世界に具体化すると考えられた。

もちろん、彼のモデルが完全だというわけではない。概念の自己展開といってもこじつけめいた議論が大部分であり、完成した体系も、「有」や「成」といった抽象的なカテゴリーに過ぎず、物理的世界や精神世界に自己展開するとしても、具体的な世界のあり方をことごとく論理必然的に決定できるとは考えられない。

しかも、問題はそれだけではない。もしも純粋質料が形相をも「一人二役」して、完璧な汎神論が可能になったとしたら、一体どうなるか。現象世界がそっくりそのまま神であるとすれば、それを神と呼ぶ意味もなくなるのではないか。通常の汎神論では、質料に関しては絶対者（神）だが、形相に関しては必ずしもそうではなく、神は現象界に内在しつつも完全には内在していないという「内在的超越」の関係にある。だからこそ、目の前の汚物は汚いけれども、その背後には神が輝いているといえるわけである。(15) もしも一切が神そのものであるならば、神自身も汚いものになってしまうだろう。このように、完璧な汎神論は汎神論の自滅に他ならない。ヘーゲル哲学が、ヘーゲル左派を経由して唯物論へと崩壊してゆく運命は、その意味では避けがたい必然だったといえる。

また、この問題は、ヘーゲル自身の議論を離れて次のようにも考えられる。純粋質料（A）と純粋形相（B）が同一となる以上、「存在の根拠」と「かたちの根拠」は一つになり、「特定のかたちを持って存在することの根拠」となっている。そこでは、絶対者は現象と完全に一体化し「内在型汎神論」と化している。それゆえ、世界の中のすべての事物は一つ一つが「神」であり、個々に完結しており、事物が複数であれば「神」も複数とならざるをえない。つまり、それは、独立した事物（現象）

| | 汎神論のタイプ | 特徴 | 形相はどこから来るか | 意義 |
|---|---|---|---|---|
| 1 | 超越型汎神論 | 二元論・隠れた神 | 純粋質料とは別にある | 無意味 |
| 2 | 内在的超越型汎神論 | 絶対矛盾的自己同一・万有在神論 | 純粋質料と不即不離 | 矛盾 |
| 3 | 2の変形タイプ | 発出論（流出論）・生成論 | 純粋質料から派生する | 錯覚 |
| 4 | 内在型汎神論 | 完璧な汎神論・実体即主体 | 純粋質料が化身する | 無意味 |
| 5 | 内在的超越型汎神論 | 純粋形相のみの集合体 | 神そのもの | 矛盾 |

図3　まとめ

を媒介し結びつけるという本来の役割を果たすこともない無意味な汎神論なのである[16]。

## 六　「矛盾の論理」再考

以上の考察から、汎神論的世界観が矛盾の論理に立脚することがより一層明らかになった。ここでわれわれは、改めて「矛盾」について検討しておかなければならない。

われわれが日々体験する世界は、一見さまざまな矛盾を含んでいるように見える。次のＡ・Ｂは、それに対する二つの対応である。

**選択肢Ａ・論理的な矛盾を起こさないように、体験を意味的に再解釈する。**
**選択肢Ｂ・体験自体をありのままに受け入れて、論理的な矛盾はそのまま容認する。**

選択肢Ｂに対しては、次のような疑問が直ちに生じる。まず、選択肢Ｂは、われわれの「ありのままの体験」を、自然で、侵しがたい、真実そのものだと考える立場に立っている。確かに、過剰な思慮分別（解釈）を排して、虚心坦懐に体験を受けとめることは重要だろう。しかし、体験（直観）自体は厳然たる事実だとしても、体験の意味内容は、感覚そのものと区別のつかない生得的な「解釈」や、条件反射化したさまざまな「解釈」によって最初から塗り固められているとも考えられる。だとすれば、それらを引き剝がして「自分自身が今まさに何を体験しているのか」を本当の意味で理解しようとする場合、われわれはどうしても、論理的思考によって自己の体験を分析し、再解釈しなければならない。つまり、「ありのままの体験」とは、思慮分別を排すれば自ずから浮かび上がるような「自然」なものではなく、むしろ、思慮分別を加えなければ解明できない「不自然」なものなのかも知れないのだ。

たとえば、スクリーンに映った山を本当の山だと思って見ている人にとって、そこにある「ありのままの体験」とは何だろうか。目の前に「山があることだ」といえば、それは誤りになる。山は実際には存在しないからだ。一方、「山の映像があることだ」といえば、それはもはやありのままの体験ではなく、再解釈された体験になってしまう。このように、「ありのままの体験」というものは、それ自体がすでにパラドックスをはらんでいる。

体験の中に宗教体験を含めても、状況がそれほど変わるわけではない。歴史上のさまざまな宗教がさまざまな宗教体験を持っており、よく似たタイプの宗教体験が異なった宗教的世界観に結びつくケースもある。従って、特定の宗教体験を根拠にして特定の世界観を絶対視することは到底不可能である。また、瞑想のような特殊な行為によって喚起される一時的で非日常的な体験を「ありのまま」と呼ぶこと自体不自然であり、ましてそれだけが「真の意味でありのままの体験だ」と主張することは独断以外の何ものでもない。結局、宗教体験が「心霊上の事実」だということは、生理学や心理学の研究対象としての心理現象だということである。従って、宗教体験が世界の真相を把握することに寄与しうるとしても、それは——体験自体が真理の顕現なのではなく——真理をイメージするためのきっかけとなる補助的な擬似体験としてである。

一方、選択肢Aは、矛盾を許容しない。許容しない理由は、次の二点にある。

(1) 論理学的にいえば、矛盾を認めることは、ありとあらゆる命題がすべて真として証明されるという不条理（論理爆発）に陥ることである。

(2) さまざまな非古典論理を一つの公理系として構想することは可能であり、その中には矛盾を許容するものも含まれる。しかし、それらはあくまでも「お話」であり、一方で、それらを構築する思考自体（メタ論理）は無矛盾的な古典論理でなければならない。そのように、世界のあり方が「矛盾の論理」であるにしても、「無矛盾の論理」を排除することはできず、両者の適用範囲も明確に区別できないままダブルスタンダードが許容されてしまう。

さらに付言すれば、量子力学のような自然法則の中には、（矛盾律を含む）古典論理の主要な法則を破るものもある。しかしそれは、量子力学の描く対象が、元来われわれの知覚を絶した世界であり、科学理論の描像はあくまで「仮設」であって、文字通りにイメージすべきものではないことを示しているに過ぎない。また、法や道徳の規範の中には互いに矛盾するものも多い。しかし、矛盾し合う規範のうちの一部または全部は、規範としての効力を事実上失っており、単なる「お話」と化している。従って、たとえそれらが矛盾を含んでいても、粗雑なドラマのストーリーが矛盾を含むのと同様、現実そのものの整合性には影響しないというべきである。

こうした点が、われわれが矛盾を否定し、選択肢Aを選ばざるをえない理由である。そしてAを選んだ場合、体験自体も再解釈された形で受け入れられ、決して体験が無視されることはない。つまり、論理と体験の両方に対して、整合的であることを求めるのが選択肢Aである。人類の知の進化とは、次々に現れる「矛盾」に対して体験の再解釈を繰り返し、矛盾の解消を図る過程ではないか。それゆえ、矛盾を容認することは「最後の選択肢」であるべきであり、われわれは知的営為の続く限り、選択肢Aに従うべきであろう。(17)

こうして「矛盾の論理」を却下することにより、われわれは西田哲学と汎神論に別れをつげることになる。

しかし、「瞬間と瞬間、個物と個物が互いに関係し、かかわりを持つためには汎神論的絶対者が要請され、しかも、それは矛盾の論理によってのみ可能になる」という西田の論証は依然として有効である。従って、矛盾の論理と汎神論とを否定することは、諸現象が互いに一定の関係を保つという「常識」に対して重大な疑問符を突きつける。量子力学におけるコペンハーゲン解釈に対抗し、無矛盾性を堅持しようとした多世界解釈が、ある意味では常識を超えた世界観であったように、選択肢Aは選択肢Bよりも「常識」に対して批判的である。そして、「常識」を大きく超えた地点で、選択肢Aがどのような驚くべき――かつ、すばらしい――世界を開示するかは、第二部で改めて考察することになろう。

【補注】

（1）アリストテレスの「形相」（エイドス）にしても、現象そのものから区別された「かたちの原因」という意味と、現象において現れている「かたちそのもの」という意味の両義があり、いずれも「現象内在的」と見なされている（イデアに関しては、補注（6）を参照）。

（2）プラトン哲学の「コーラ」は、純粋形相（イデア）から「かたち」を受け取って個々の現象を発生させる「場所」であり、その意味では、二元論的純粋質料――後述する「超越型汎神論」――に相当する。アリストテレスの「プローテー・ヒュレー（第一質料）」も、無形相で不可知の文字通りの純粋質料であり、超越型汎神論の典型例である。

一方、質料を物質的素材、形相を魂と考えるアリストテレス以来の古典的解釈は、「存在」の根拠と「かたち」の根拠から派生する二次的なイメージと考えてよい。

（3）I・カントの『純粋理性批判』B626はこの点を批判し、「～が有る」というのは、事物のかたち（内容や性質）を示す述語（～である）ではないと述べている。

（4）現象Aに対して存在の根拠B1とかたちの根拠B2を考えることができる。B1は「有」の形相といってもよいが、それに対してさらに存在の根拠C1を考えることができる。プラトンが「有」のイデアの上にさらに「善」のイデアを考えたように、この種の無限後退によって理論が過度に複雑化する。トマス・アクィナスも、第一質料（B1）に対して、さらに「存在の根拠（すなわち、神）」を想定しうると考えた（『神学大全』第I部第44問題第2項）。

（5）「今ここ」の（意識）現象とそれ以外の（意識）現象との違いを、形相の違いに還元できるかどうかは大きな問題である。この点は、第九章の「六」で検討するが、同一形相であっても「今ここ」と「それ以外」とを区別できるとすれば、質料も形相もそうした区別を説明できず、質料・形相図式は限界を持つことになる。

（6）プラトンのイデア論では、宇宙全体を一つの現象と見なし、個々の事物の生滅にかかわりなく、宇宙の一角（「イデア界」という場所）に、すべての種類の純粋形相が恒存していると考えた。しかし、そうすると、「かたち」の源泉である個々のイデアは、（自らは恒存しながら）ある時点のある事物に対しては作用を及ぼし、別の時点の別の事物に対しては作用しないことになる。結局、個々のイデアの作用を随時点滅させるタイマー（超イデア）が時空を超えて存在しなければならない。これは、世界全体のあり方を一つの「運命」として規定する「世界形相」を考えることにつながるが、純粋質料同様、そうしたものが現象世界から独立して実在するとは考えにくい。

また、純粋形相（イデア）は「かたち」の根拠ではあるが、三角形という現象のイデアが三角形をしているわけではない。それは、イデアが「現象」ではなく感覚されうるものではない以上、当然のことであろう（ただし、イデアが、純粋なかたちとして感覚的にイメージされる場合も少なくない）。

（7）時制が異なれば「同一」の事象ではありえないという指摘は、マクタガートだけでなく、インド仏教のアーリアデーヴァにも見られる。これは「三世実有・法体恒有」を唱えたサルヴァースティヴァーディンへの批判であり、すべてを「現在」の継起と見なすサウトラーンティカの思想や、ダルマキールティの刹那滅論証に結びつく（［江島］の「四」）。過去を言語による制作物と見なす大森荘蔵の説も、同じ文脈で捉えることができる［大森c］。

（8）このタイプの論証の典型が、第四章の補注（2）で言及した華厳仏教の法性融通説である。

（9）大乗仏教のブッダダートゥ（仏性）やタターガタ・ガルバ（如来蔵）は、自ら成仏する力を持ち、自己を包む身体や世界を「発出」するアートマン的「自己」である。東アジア仏教において、こうした内面的な仏性が汎神論的絶対者となり、自然界も含めた世界そのものとして顕現することは［松本］に詳しい。

また、同書（特に第四章「六」）には、禅僧・道元の思想に見られる〈人（有情）の悟り〉と〈世界（無情）の悟り〉の神秘的な相互作用が指摘されている。そこには、（前章の補注（9）で触れた）始覚（A）と本覚（B）の混在が認められる。

（10）東アジアの大乗仏教や老荘思想の文化圏では、「無」であることが清浄であり、「かたち」ある現象世界は苦しみに満ちた無常の世界として捉えられた。一方、ヨーロッパ文化圏では、「かたち（形相）」の側が「完全」や「永遠」を意味し、質料の側は捉えどころのないどろどろとした非合理性としてイメージされてきた。汎神論思想の世界史的概観は、［重久c］の第三部第二章に詳しい。

（11）個々の現象（A）と世界全体（S）との「関係」を成り立たせるために純粋質料が要請される（論点①）。また、個々の現象（A）と私の人生全体（S）との「関係」を成り立たせるためにも、アートマン型の純粋質料が要請される（論点②）。さらにいえば、ほぼ三秒以内の意識現象は変化しつつも一体不可分のものとして感覚されるため、個々の瞬間（A）と「持続する三秒間全体」（S）との重なりを保証するためにも、伸縮自在な純粋質料がその背後に要請される（論点③）。（これらの詳細は、第九章の「四」に譲る。）
以上の前提を踏まえて、意識現象（純粋経験）の展開から純粋質料を要請し、汎神論的世界観を証明する手順が、次のようにまとめられる（これは、『善の研究』第一編・第二編を整理し直したものでもある）。
1　一かたまりのものとして感覚される、ほぼ三秒以内の意識現象が、純粋質料を要請する（論点③）。
2　そうした「一かたまりの三秒間」がスライドしてゆくことによって、さらに長時間の意識現象が自覚され、それらも純粋質料を要請する。

3　2に加えて、たとえ内容的に断絶していても同じ「私」の意識と見なしうる過去や未来が存在し、それらが「私の人生の連続性」を確信させて純粋質料を要請する（論点②）。
4　意味理解を通じて「私」と結合可能な「他者の意識」が想定される。
5　1〜4を含めた一切の現象に一定の相互関係が想定され、純粋質料が要請される（論点①）。ただし、意識現象以外の「物そのもの」は、西田の場合、考えない。

(12)　現象世界（あるいは「かたち」）にどの程度のリアリティーを認めるかは相対的な問題である。たとえば、シャンカラはそれを幻影（マーヤー）だと考えたが、ヴァッラバは幻影としてのリアリティーすらないと主張した。
(13)　スピノザの絶対者（神）は、『エチカ』の冒頭では確かに純粋質料として規定されているので（第一部定理7、11）、ヘーゲルの批判にも一理あるといえる。ただし、スピノザの思想には、絶対者が世界の「あり方」をも生成するという側面（第一部定理29）があり、その意味では後述する「変形タイプ（発出論）」と同形である。従って、彼のいう絶対者（神）が、現象世界と一切かかわりを持たないことにはならない。
そもそも、外界とその知覚のような異質な現象の間に内容上の整合性が保たれるのは、それらが、同一の神から生じるからだというのがスピノザの主張である（ただし、神が現象世界の一切を規定するとしても、それらに整合性を与えることまで必然とはいえず、そこには——第六章の「三」でも指摘したように——「善意の神」という観念が混入している）。その他、スピノザの汎神論が超越型とはいえない論拠は、［工藤］に詳述されている。
(14)　「存在の根拠」から「かたちの根拠」を派生させる誤りは絶対者思想に広く見られ、スピノザの汎神論にも表れている。補注（13）でも触れたように、『エチカ』第一部の定理7および11と、定理29との間には飛躍があるといわなければならない。
(15)　『善の研究』には、「我々は此等の物の根柢に於て一々神の霊光を排することができるのである」（巻一・一四二）とある。

(16) このことは、ヘーゲル自身が内在型汎神論に対して批判的であったことからすると皮肉な結果である。一方、禅仏教は、宗教体験（聖）を強く志向しつつ、同時に、内在型汎神論（俗）にも傾斜することで、聖・俗両面への微妙な緊張をはらんでいた（第一章補注（8）参照）。

(17) 論理といえども絶対に疑いえないわけではなく、その点は第一〇章の「二」で再考する。しかしながら、いわゆる「強い懐疑主義」は、どのような認識にも必ずつきまとうものであり、選択肢AとBとの比較に際してあえて考慮すべきことではない。

一方、論理学における「公理」とは、すべての妥当な論理式を「定理」として証明するための出発点となる論理式だが、矛盾律は通常、その中に含まれない。

第二部

# 西田哲学の彼岸へ

もろもろの煩悩も業も身体も行為主体も果報も、
すべては蜃気楼と同じであり、かげろうや夢に似ている。

『中論』第一七章第三三詩

シャーリプトラよ、こうして存在するものはすべて空性のものであり、
生じることもなく滅することもない。

『フリダヤ・スートラ』

# 第八章　インド仏教における時間非在論
## ナーガールジュナの世界

### 一　はじめに

第二部では、時間に関する独自の形而上学を展開する。最初に注目するのは、「時間は言葉通りには実在しない」という時間非在論である。

現代のものでは、J・E・M・マクタガートや大森荘蔵の議論が有名だが、論証の多彩さでは、古代インドの仏教論師ナーガールジュナ（一五〇頃～二五〇頃）の思想が群を抜いている。本章では、彼の主著である『マディヤマカ・カーリカー』（漢訳では『中論』。以下、MKと略記する）を素材として、時間非在論の各論証を検討し、次章に向けての足掛かりとしたい。

ただし、歴史学的な正確さは必ずしも問題にせず、われわれ自身の思索にとってのヒントを得ることが目的である。また、原典の日本語訳に関しては、『ナーガールジュナ』（講談社、一九八〇年）所収の中村元訳を使用することとする。

## 二　不生不滅の縁起

### 問題提起

『マディヤマカ・カーリカー』（ＭＫ）は、次のような「帰敬序」から始まり、ここにおいて、全編の結論が示されていると考えられる。

【総論】〈宇宙においては〉何ものも消滅することなく（不滅）、何ものもあらたに生ずることなく（不生）、何ものも終末あることなく（不断）、何ものも常恒であることなく（不常）、何ものもそれ自身と同一であることなく（不一義）、何ものもそれ自身において分かたれた別のものであることはなく（不異義）、何ものも〈われらに向かって〉来ることもなく（不来）、〈われらから〉去ることもない（不出）、戯論《けろん》（形而上学的議論）の消滅というめでたい縁起のことわりを説きたもうた仏を、もろもろの説法者のうちで最も勝れた人として敬礼する。（帰敬序）

現象世界は、不生不滅・不断不常・不一不異、不来不出であり、同時に、縁起するものであることが宣言されている。「不生不滅」は、一種の時間非在論と考えられる。

仏教においては、すべての現象はそれ自体の中に存在の根拠を持たない無実体であり、他者に依存することによって生起すると考える。しかし、そうした互いに依存し合って生起する「縁起」と、「不生不滅」とがいかにして結びつくのか。その問いに対する答えが、ＭＫ全編のテーマだといってもよいだろう。

## 旧来の解釈への疑問

一見、矛盾に満ちた議論に対し、ナーガールジュナは「矛盾の論理」を主張した、あるいは、「言葉による議論の虚しさを示したのだ」という解釈がなされる場合も多い。しかし、それが誤解であり、ナーガールジュナの議論がきわめて合理的であって、特殊な「論理」や宗教的神秘主義を介在させる余地のないことは、いずれ明らかになるはずである（補注（2）参照）。実際、禅のような後世の東アジア仏教から遡ってナーガールジュナを読むことは本末転倒であり、そうした点を証明することもＭＫ解読の意義の一つである。

たとえば、ナーガールジュナが「有でもなく無でもない」という場合、そこで主張されていることは、それまでの「有・無」理解の否定（変更）であり、矛盾をそのまま許容することではない。一方、東アジア仏教や西田哲学などで「有でもあり無でもある」という場合は、文字通り、矛盾を許容する論理が主張されているといえる。

一方、仏教において否定される実体（スヴァバーヴァ）とは、「自分自身を根拠として存在し（自存）、他の条件に左右されないために、常に必ず存在する（恒存）もの」と考えられている。そこで、「不生不滅の縁起」を、「もしも実体を仮定したならば、不生不滅という非現実的な結果になっていたであろう縁起（現象界）」と読み換えることも有力な解釈である。その場合、恒存する実体という不都合な仮定を排除すれば、世界は決して不生不滅ではなく、常に生々変化していることになり、それこそまさに現実だというわけである（帰謬論証説）。

しかし、これでは、インド哲学における有力説であった概念実在論を批判することにはなっても、われわれの課題である時間論そのものにはほとんど意味がない。「帰敬序」の中で、不生不滅の縁起といわれていることが、ただそれだけのものでしかないと考えることは、きわめて不自然である。(1) 結局、「不生不滅」には、次のような二通りの意味が、かけことばのように重ねられていると考えたい。

タイプA・（実体を肯定すれば）「世界は不生不滅」となり、それはありえないことだ。
タイプB・（実体を否定すれば）「世界は不生不滅」という形で存在する。

Bの意味においては、世界の真相はまさしく「不生不滅」であり、かつ、生々変化する「縁起」でもあるのである。われわれは、たとえ概念実在論者でなくても、多かれ少なかれ常識的なとらわれの中で生きており、こうした無実体の真相（空）を正しく捉えることは至難のわざだ。私自身の解釈は第九章で、より現代的な視点から試みることになるが、本章では、MKのテキストに即して、時間非在論という観点から「不生不滅の縁起」を解読することにしたい。

## 三　時間非在論証

### 因果関係への批判

【論証1】もろもろの事物はどこにあっても、いかなるものでも、自体からも、他のものからも、（自他の）二つからも、また無因から生じたものも、あることなし。（第一章・第一詩）

これは、ピンガラの注釈によれば、次のように説明できる。

⑴事物Aがそれ自体（A）から生じることはありえない。Aは始めからAであり、改めて「生じる」わけではないからである。

⑵事物Aが他者Bから生じることはありえない。Aは A、BはBであって、一方が他方から生じるとは考えられないからである。これは、ヒュームの懐疑主義における因果否定論と同じであり、西田幾多郎も『善の研究』第二編第二章で同様のことを述べている。

⑶⑴と⑵の結果、自と他の両方から生じることもありえない。

⑷事物が無因で生じるならば、犬の子が猫になり、象の子がキリンになって無秩序に陥るはずである。従って、それもありえない。

ナーガールジュナの意図としては、⑴〜⑷から一切の現象生起を否定し、かつ、「生じない以上、滅することもありえない」と考えることで、不生不滅を証明するつもりだったのかも知れない（だとすれば、これも時間非在論の証明である）。しかし、それには無理がある。なぜならば、⑷においては、「犬の子は犬であり、象の子は象である」という秩序だった世界の生成が、自明の事実として前提されているからである。「世界が秩序だって生成する」ことを前提にして、「世界が生じない」ことを証明するというのは明らかに自己矛盾である。

従って、【論証1】は、「現象世界が、通常の意味での因果関係によって生じるわけではない」ことを証明していると考えるべきである。いいかえれば、帰敬序で示された（不生不滅の）「縁起」が、そうしたタイプの因果関係ではないことを、ただし書きの形で第一章は指摘したわけである。しかし、因果関係は本質的に存在しなくても、現象世界には一定の秩序が存在するように見える。⑷の「無因ではない」という主張には、そうした事実が述べられていると考えられる。実際、仏教における「縁起」は、本来は、「それありて、これあり。それなければ、これなし」であって、「それあるがゆえに、これあり」では必ずしもない。本質的には存在しないが、現象的には存在するという真意が、こうした表現にも反映されている。

このように考えれば、【論証1】は、「原因の考察[2]」としては有意義な主張を含んでいるが、時間否定論には結びつかないと結論づけなければならない。

## 刹那滅の世界

【論証2・1】まず、すでに去ったもの（已去）は、去らない。また未だ去らないもの（未去）も去らない。さらに〈すでに去ったもの〉と〈未だ去らないもの〉とを離れた〈現在去りつつあるもの〉（去時）も去らない。（第二章・第一詩）

いまだ去っていないものは去っていない。すでに去り終わったものが今さら去ることはありえない。細かく時間を区切ってゆくと、すべては、去っていないか去り終わったかのどちらかであって、中間はありえない。これは、世界が「非連続の連続」、すなわち刹那滅であることを表している。「今現在去りつつある」という瞬間が仮にあるとしても、それは、過去と未来とを視野に入れて初めて「去る」という動きになるのであって、今ここの一瞬だけを取り出すならば、「静」でもないし「動」でもない。このことは、瞬間の中には時間的な変化がないことを表している。

複数の瞬間を総合すれば変化を定義することができるが、複数の瞬間にまたがった事象というものは実在しない。なぜなら、すべての現象はいずれかの瞬間の中にあるのであって、複数の瞬間にまたがった現象は、決して経験されることがないからである。もしも、「一時間」というモノが一つの現象として実在するならば、「一時間」は一瞬の中に同時存在していなければならないだろう（この点は、ナーガールジュナの作とされる『ヴァイダルヤ・プラカラナ（広破論）』の第三五節でも論じられる）。

このように考えれば、【論証2・1】は、すべての現象が刹那滅であって、瞬間と瞬間とを包むような「流れる時間」が（瞬間の中にも外にも）存在しないことを示していると考えられる。

## 概念の相関的相互依存関係

【論証2・2】〈去りつつあるもの〉に去るはたらき（去法）が有ると考える人には、去りつつあるものが去るが故に、去るはたらきなくして、しかも〈去りつつあるもの〉が有るという〈誤謬が〉付随して来る。（第二章・第四詩）

〈去りつつあるもの〉に〈去るはたらき〉が有るならば、二種の去るはたらきが付随して来る。〈すなわち〉〈去りつつあるもの〉をあらしめる去るはたらきと、また〈去りつつあるもの〉における去るはたらきとである。（第五詩）

去るはたらきなるものが、すなわち去る主体であるというのは正しくない。また、去る主体が、去るはたらきからも異なっているというのも正しくない。（第一八詩）

一体であるとしても別体によっても成立することのないこの〈〈去るはたらき〉と〈去る主体〉との〉二つはどうして成立するだろうか。（第二一詩）

これは、「〈去るもの〉が去る」という文の主語と述語を分析することによって、運動を否定し、ひいては時間を否定する論法である。「去るもの」という主体と「去る」という作用が独立に存在しうると考えた場合、「去る」（作用）がなくても「去るもの」（主体）は存在し、逆に、「去るもの」は必ずしも去らなくてもよいという不条理に陥る。一方、「去るもの」と「去る」を結びつけると、主体の「去るもの」に含まれる「去る」と、述語（作用）の側の「去る」とが二重に存在してしまう。いずれにしても、「〈去るもの〉が去る」は不条理であるというのが結論である。

しかしこれは、後半の詩に出てくるように、「主体と作用を実体化した場合、両者を区別することも結合することもできない」という議論に一般化することができる。主体と作用はもちろん同一ではないし、別異でもない。別異ならば、作用（属性）のないのっぺらぼうの主体や、主体のない作用（属性）が生じてしまうからである。

しかし、主体や作用（属性）といった概念を実体化した上で、運動や時間を否定するならば、ナーガールジュナ自身が概念実在論に引きずられていることになろう。従って、ここでの議論は、概念の実体化そのものを批判する帰謬論証であり、主体や作用（属性）が、互いに依存し合った不即不離の「相関的相互依存関係」にあることを指摘する論法と考えられる。その意味では、「二」で挙げた二類型の中の「タイプA」に属する議論である。従って、【論証２・２】から、「現実に、時間（運動）というものが実在しない」ことを導き出すことはできない。

いわゆる「縁起」（プラティーティヤ・サムゥトパーダ）にはさまざまな解釈があるが、大別すれば、(1)「Aがあれば、その後にBが生じる」という時間的依存関係と、(2)「AあるがゆえにBがあり、同時に、BあるがゆえにAがある」という相関的相互依存関係に分かれる（ただし、(1)の特殊なケースとして、因果が同時のものもある）。

ナーガールジュナにとって時間的依存関係は、因果関係として実在するものではないが、「Aあれば B あり、A 生ずれば B 生ず。A なければ B なく、A 滅すれば B 滅す」という形で、現象としては存在する。【論証 1】は、その点を指摘したものである。

一方、相関的相互依存関係は、概念どうしの間に成り立つ論理的関係であり、「男と女」「親と子」「右と左」「有と無」といった二項の間の相互依存性を指す。【論証 2・2】もそうしたケースを取り上げている。それは、概念が自分だけを根拠にして成立すること（自存）を否定するが、事実（現象）そのものには必ずしも当てはまらない。たとえば、「右と左」は相関的相互依存関係の好例として挙げられるが、風が右向きに吹いてくると感じる時の「右向き」感覚は、逆の感覚がなくとも成立可能である。一方、「部分と全体」「主体と作用」のような相関的カテゴリーの場合、相互依存することは必然だが、それは、現象としては単一のものを、観察者が意識の上で強引に二つに分けて「概念」化した結果であり、対象そのものに相関的相互依存関係が内在するわけではない(3)。

ナーガールジュナの「縁起」にはこうした多様な意味が混在しているが、「不生不滅の縁起」のように、最も根源的なレベルで使われる場合には、「A があるということは、非 A がそこにはないということだ」という排他的相互依存関係がイメージされている可能性がある。これは、「自存」することを否定する相関的相互依存関係のヴァリエーションであり、概念だけでなく、現象そのものにも適用可能な最も根源的な関係原理である(4)。

## 時間非在論の深まり

【論証3・1】偉大な聖者は、以前の究極は知られない、と説かれた。何となれば、輪廻は無始無終であり、それには、始まりも無く、終わりも無いからである。(第一一章・第一詩)
　始めもなく、終わりも無いものに、どうして中があろうか。それ故に、ここでは前も後も同時も成立しえない。(第二詩)

事象に順番をつけるならば、「最初から(あるいは、最後から)数えて何番目」という形で定義するしかないだろう。しかし、最初も最後もないとしたら、順番のつけようもないわけである。このことはまた、次のように考えることもできる。

(1)直線的に流れる時間(すなわち、先後関係)を仮定する。
(2)そうすると、すべての事象には「より先」と「より後」が必ずあることになり、事象の継起には果てがないことになる。
(3)(2)の結果、「今現在」以前に無限の事象が生じ終わったことになる。しかし、いくら順序を遡っても、無限の過程の「最初の事象」はありえない。それゆえ、ありえないものが生じ終わったという不条理を許容しなければ、「今現在」は成り立たないことになる。
(4)ゆえに、直線的な先後関係としての「時間」(=仮定(1))は否定される。(5)

この議論は、時間非在論として一応有効である。ただし、カントの「アンチノミー」のように、(1)を仮定した上で(2)を否定する議論もある。（なお、時間を、過去と未来に無限に広がる単なる実数直線と見なし、空間的にイメージしてしまうと、(3)の不条理は隠蔽されてしまう。時間の本質が——それがもしも実在するならば——「先のものが生じていなければ、後のものも生じない」という先後関係にあることを見落とすからである。）(6)

【論証3・2】もしも生が前にあって、老・死が後にあるのであるならば、老・死のない生があるということになるのであろう。そうして不死なる人が生まれることになるであろう。（第一章・第三詩）

もしも最初に老・死があって、後に生があるのであるならば、その老・死は原因の無いものとなる。未だ生じないものに、どうして老・死があるであろうか。（第四詩）

ところで、生が老・死とともにあるということは、理に合わない。そうして現在いま生じつつあるものが死ぬことになるであろう。また（生と死との）両者は原因を有しないものとなるであろう。（第五詩）

三つの組み合わせで時間的先後関係を否定し、生と「老・死」を否定する形になっている。しかしながら、ナーガールジュナの意図通りにこれを理解することはやはり困難である。いうまでもなく、問題は最初の詩にある。「生」の瞬間には「生」という現実しかなく、その瞬間の中に「老・死」は存在しない、と解釈するしかないが、だとすれば、それは、【論証2・1】や【論証5】に還元され、最初の詩だけで時間非在論を構成することになる。しかし、その詩だけではどう考えても舌足らずであり、また、三つの詩のセットによって新しい時間非在論を構成することも難しい。

【論証4】〈有り〉というのは常住に執着する偏見であり、〈無し〉というのは断滅を執する偏見である。故に賢者は〈有りということ〉と〈無しということ〉に執着してはならない。（第一五章・第一〇詩）

〈その本性上存在するものは、無いのではない〉というのは常住を執する偏見である。〈以前には存在したが今は無し〉というのは断滅を執する偏見となるであろう。（第一一詩）

ＭＫ・第一五章では、最初に、現象世界のすべての事物が生々変化する「無常」であると宣言される。従って、永遠不変の「本質」（プラトンのイデアのようなもの）は存在せず、「Ａが有る」「Ａが無い」という場合の「有」や「無」も永久不変ではありえない。実際、Ａが永遠に「有」り続けるといえば誰もがおかしいと思うだろう。また、Ａが一旦滅した後で、半直線的に滅し続けるということも、「無」の永続に他ならず、無常の原則に反している。結局、Ａは「有」であり続けることもなく、「無」であり続けることもない。これは、「一回きりの事象Ａ」を否定する一種の時間非在論である。しかも、インドで根強い概念実在論に対する徹底した批判としても、貴重な議論だと考えることができる。

「概念」は、自存しないことが相関的相互依存関係によって証明され（第二章など）、また、プラトンのイデアとは異なり、概念は流れゆく意識現象に内在するため恒存することもない（第一五章）。両者が相まって、概念が実体ではないことが証明されるわけである（概念実在論批判）。

しかしながら、論証として説得的かといえば、かなり疑問だといわねばならない。Aが滅した後には、実際には、BやCが次々に生じているのであり、それを「Aの無の永続」と表現することは詭弁でしかないからである。逆に、AかBかにこだわらず、「常に何かは有り続けている」と考えれば、「有」の永遠性を認めざるをえないだろう。また、実在しない架空の現象Xを想定すると、Xの「無」という状態が永続していることになり、無常の原則に反する。それゆえ、架空の現象は否定され、およそ考えられるものは、ありとあらゆるものが実在しなければならないという不条理に陥る。

しかし、「Aが有であり続けることもなく、無であり続けることもない」という結論の一句には驚くべき洞察が込められていると思われる。なぜならば、そこには、不生不滅の「永遠」と生々変化する「無常」とが一致する世界が示唆されているからである。それこそ、ナーガールジュナが帰敬序で「不生不滅の縁起」と呼び、本書の第九章（次章）で「永遠の無常」と名づけることになる形而上学的な世界観なのである。

【論証5】もしも現在と未来とが過去に依存しているのであれば、現在と未来とは過去の時のうちに存するであろう。（第一九章・第一詩）

もしもまた現在と未来とがそこ（過去）のうちに存しないならば、現在と未来とはどうして

それ（過去）に依存して存するであろうか。（第二詩）

さらに過去に依存しなければ、両者（現在と未来）の成立することはありえない。それ故に現在の時と未来の時とは存在しない。（第三詩）

これによって順次に、残りの二つの時期（現在と未来）、さらに上・下・中など、多数性などを解すべきである。（第四詩）

過去・現在・未来とは、時点と時点との相互関係に他ならない。そして、AとBとの「関係」は、両者を包む共通の場において初めて成立するものである。しかし、過去と現在とを包む共通の場は、過去でもなく現在でもない。従って、それはどこにもありえないということになる。こうして、「関係」は存立不能になり、時間の先後関係は否定される。この証明は、時間だけでなく、空間なども含めた一切の現象間「相互関係」に対して適用することができる。

### ＭＫの総括

以上の考察をもとに、時間非在論の各論証を評価すれば、次のような結果になるだろう。

(1)【論証2・2】と【論証4】は直ちに却下することができる。【論証1】も因果関係に関する妥当な考察を含んでいるが時間非在論には及んでいない。

(2)【論証3・1】は、時間非在論としては一見妥当な議論だといえよう。ただし、時間を否定するかわりに「無始」を否定する可能性もあるので、このままでは説得力は弱い。(3)【論証2・1】【論証3・2】【論証5】はほぼ同様の趣旨を含んでいる。ただし、【論証3・2】は議論が不完全であり、【論証2・1】は別の論述から補足されなければならない。従って、時間非在論として最も完成された考察は【論証5】であると考えられる。しかも、時間だけでなく、空間等も含めた一般的な現象間「無関係」の証明となっている点で、【論証5】は最も価値が高い。また、現象相互の依存関係を証明するのではなく、依存関係そのものが成り立たないことを証明している点でも、【論証5】には独特の着想がある。次章の議論も、こうした論理を現代的に彫琢する方向で進められることになる。

## 四　アートマンの否定

### アートマンと汎神論への批判

最後に補足しておくべきことは、ＭＫでは、アートマンが明確に否定されていることである。「私」の意識内容が絶えず変化しても——あるいは輪廻転生して生まれ変わっても——それとは無関係に持続する無形相の「私そのもの」（私の基体）がアートマンである。そうしたアートマンの否定論証は、次のような形で展開される。

【論証6】もしも我（アートマン）が〔五つの〕構成要素（五蘊《ごうん》）であるならば、我は生と滅とを有するであろう。もしも我が〔五〕蘊と異なるならば、我は〔五〕蘊の相を持たぬであろう。（第一八章・第一詩）

我（アートマン）が無いときに、どうして〈わがもの〉（アートマンに属するもの）があるだろうか。我（アートマン）と〈わがもの〉（アートマンに属するもの）とが静まる故に、〈わがもの〉という観念を離れ、自我意識を離れることになる。（第二詩）

アートマンが現象世界と同じであれば、アートマンは「かたち」をもって生滅するはずである。しかしそれでは無形相のアートマンとはいえない。一方、アートマンが現象世界と別ものであれば、それは、「かたち」をもった現象世界に現れることはなく、現象世界とは完全に無縁なものであり、従って、現象世界の基体となることもできない。後者の場合、現象世界と全く無関係なものとしてなら存在しうると思われるが、しかし、もともとアートマンは、諸現象が展開するための基体として考えられたものであり、本来の役割を果たせないようでは、アートマンとはいえない（また、いかなる形でも現れないようでは、そもそも「存在している」ということ自体がナンセンスである）。

こうして無形相のアートマン（我）は否定され、さまざまな意識現象が「私のもの」としてそれに付着することも不可能になる。たとえ、意識現象自体は存在していても、それらが「この私」という一定の場所の上に整然と配列され、一つの「人生」を形成することはありえない。その意味で、これもまた――【論証5】と同形の――時間非在論であり、滔々と展開する人生のドラマが幻想に過ぎないことを証明しているわけである。

一方、アートマンを否定するMK・第一八章は、汎神論的絶対者の否定論証としても理解できる。ヴェーダーンタ派の哲学では、宇宙全体を包括する汎神論的絶対者がブラフマンであり、「梵我一如」といわれるように、無形相のアートマン（我）がブラフマン（梵）と同一視されるからである（もちろん、ナーガールジュナ個人が、救済者としてのシャーキャームニ・ブッダやアミターバ・ブッダを崇拝していたことは、これとは別問題である）。

### 汎神論的絶対者の復活

これに対し、ナーガールジュナ以後の大乗仏教は――アートマン的にせよブラフマン的にせよ――汎神論的絶対者を容認する方向に変化していった。唯識派の「アーラヤ識」や「ダルマカーヤ（法身仏）」、大乗『涅槃経』の「タターガタガルバ（如来蔵）」、ラトナーカラシャンティの「光り輝く心」は、そうした流れを表している。中国で書かれたと思われる『大智度論』や『大乗起信論』も、明らかに絶対者思想を含んでおり、原著者をナーガールジュナやアシュヴァゴーシャに仮託しているが、彼らのオリジナルな思想ではありえない。(7)

もちろん、仏教徒たちは、「われわれは空を主張しているのであって、他の人々のように絶対者を実体化してはいない」と反論し続ける。しかし、そうした場合の「空」性（シューニャター）の意味は論師によってまちまちであり、他方、ヴェーダーンタ派においても、アートマンやブラフマンは「何ものでもない」という否定の形（無形相）でしか表現することができない。その主張を素直に受け入れるならば、後期大乗仏教もヴェーダーンタ派も、「空」と呼ぶかどうかにかかわりなく、汎神論的絶対者を容認する点で区別できないことが分かる。

しかし、矛盾を許容しないならば、絶対者も排除せざるをえない。そこでは、絶対者を認めないことが「空」であり、同時に、現象世界を灯火の溶け合うような無実体と見なすことでもある。その証明を、ナーガールジュナのＭＫ――特に【論証５】――が示唆しているといえるが、われわれは次章において、それをさらに現代的に精緻化することにしたい。

【補注】

（１）帰謬論証説の場合、帰敬序の「不生不滅・不断不常・不一不異・不来不出」は事実に反する仮定に過ぎず、現象世界の真相はその逆であって、「生滅し、断絶または永遠であり、同一または別異であり、来たり去ったりする」ものである。しかし、「断絶または永遠」は諸行無常を唱える仏教的世界観と明らかに矛盾する（帰敬序を矛盾なく理解しうる方法は次章で提示する）。これが、帰謬論証説に不満を抱かざるをえない理由の一つである。

結局、大乗仏教における真理の自覚の階梯は、次のような五段階に区分できる。

１　自我や事物を実体化している日常的世界の段階。

２　自我や事物を構成要素に分けることで、それらの実体化を排する段階。（初期の仏教）

3　構成要素自体が実体化されることをさらに否定する段階。（タイプA）
4　一切の実体化を否定することで開示される真理の認識。（タイプB・俗諦）
5　言説を超えた真理そのもの（真諦）。これは宗教的な理想境（始覚）とも考えられるが、ある意味では、俗にまみれた日常そのものでもある（煩悩即涅槃・本覚）。第六章の補注（9）参照。

（2）【論証1】で四種類の議論が並べられていることを、いわゆる「四句分別」（テトラレンマ）の実例と見なす説もある。通常、一定の論議領域では「A」と「非A」の二つが補集合関係にあるが、インドでは、「A」「非A」「Aかつ非A」「非Aかつ非非A」の四つを挙げることがある。これを、通常の二値論理とは異なる特殊な論理（テトラレンマ）と解釈するわけである。しかし、【論証1】の場合、存在者に関しては確かに「自」と「他」が補集合関係になるが、現象生起に関しては、「自より生ずる」「他より生ずる」「自かつ他より生ずる」「自でも他でもないもの（無因）から生ずる」の四つが補集合関係である。もともと四つあるものを四つ挙げただけだから、それは「特殊な論理」でも何でもない。ナーガールジュナの議論にも四句分別の形式は少なくないが、後半の二つは省略可能であり、実際、しばしば省略される。従って、テトラレンマというような特殊な論理があるわけではなく、四句分別は、『ヴェーダ』以来のインドの修辞的伝統に由来する慣用句と考えるべきである。

（3）たとえば、「(織られた状態の)糸」と「布」は同じものであり、「(走る)馬」と「(馬が)走ること」は同じ現象である。「原因と結果」も、一連の現象の中のある部分を「原因」、ある部分を「結果」と名づけただけである。なお、相関的カテゴリーに対するこうした批判は、中国の華厳哲学における「六相縁起」説への批判でもある。

（4）「AあるがゆえにBがあり、同時に、BあるがゆえにAがある」という相関的相互依存関係を、『非B』が他の場所にあるがゆえにBがこの場所にあり、同時に、『非A』が他の場所にあるがゆえにAがこの場所にある」

といいかえれば、排他的相互依存関係に変換される。ナーガールジュナ哲学のルーツの一つである『アスタサーハスリカー・プラジュニャー・パーラミター・スートラ（八千頌般若経）』の第三一章でも、すべての現象は、どこから来るのでもなく、特定の原因から生じるのでもなく、因縁の和合によって生じると説かれている。仏教における因縁は、自分以外のすべての現象を含むので、結局、現象Aの原因は（Aを除いた）世界全体のあり方に求められ、そこに、排他的相互依存関係が示唆されていると考えられる。

ただし、排他的相互依存関係は、現象Aが現に現れている以上、非Aが同じ場所にはないことを示す。そのため、仮に非Aがどこにもなくても、現象Aは今ここに現れうる。

これに対し、相関的相互依存関係は、概念の意味を理解する形式である。すなわち、「赤という概念」は感覚として赤いわけではなく、「青という概念ではなく黄という概念でもなく白という概念でもない」云々という相互関係においてのみ成り立つということである。従って、われわれが概念Aを理解する時、概念非Aも同時に意識（了解）されていなければならない。この点が、現象生起そのものに関する排他的相互依存関係との違いである。

ディグナーガは、F・ソシュールと同様、相関的相互依存関係をもっぱら概念に適用して「アポーハ」と呼んだ。それに対し、本文で触れたように、概念だけでなく現象世界全般に適用される排他的相互依存関係は、「存在論的アポーハ」と呼ぶことができる。

（5）［森田］第八章は、同様の論証から四次元主義的静的時間モデルを主張する。これも一種の時間非在論だが、次章のものとは全く異なる。

（6）俊足のアキレウスが亀に追いつけないというパラドクスも、この点にかかわっている。無限級数の総和が有限の値に収束しうることでパラドクスが解決されたと考えることは、時間が先後関係であることを無視した議論である。時間と空間が無限分割され、かつ、先後関係としての時間が実在すると仮定した場合、有限の時間内にアキレウスは亀に追いつくだろうが、しかし、その瞬間には、無限の事象が生じ終わっていることになる。だが、いうまでもなく、「無限の（最後の）事象」が生じ終わることはありえない。これがまさにパラドクスなのである。

（7）後の時代の東アジア仏教からも時間非在論を紹介しておきたい。それは、中国・天台哲学の一念三千論である。ありとあらゆるタイプの（三千の）世界が、今ここの一瞬の意識にそなわっているという主張であり、たとえていえば、「百年分の夢を見ても、目覚めれば一瞬の時間に過ぎない」というようなものである。『摩訶止観』の第五巻には長文の論述があるが、次章の論旨を先取りしつつ筆者なりに解釈すれば、次のように説明できる。

まず、あらゆる（意識）現象には、「法性」（ダルマター）すなわち「今ここに現れて存在している」という性質が含まれている。そして、すべての現象が法性を含み、「今ここに現れて存在している」以上、「現れていないものが、隠れた状態で存在する」ことはありえない。「現れずに隠れているもの」とは、過去か未来か他の場所に存在するものだが、そういうものが一切ありえないということは、結局、過去や未来や他の場所といった現象相互間の「関係」が存在しないことである。こうして、時間の流れが否定される。

そこで仮に、現象P1〜P4を想定し、各々に次のような時間インデックスをつける。

現象P1〔午前1時〕、現象P2〔午前2時〕、現象P3〔午前3時〕、現象P4〔午前4時〕

これらの現象生起にはいかなる「関係」も「順序」もないので、便宜上これらを並べるとすれば、「どういう順序で並べても同じだ」ということになる。その上、現象相互間に「関係」が成り立たない以上、「P1はいまだ生じていない」とか「P1はすでに生じ終わった」という直線的時間軸を前提にした表現も成り立たない。その結果、どの現象が何回生じてもよいことになり、「P1→P2→P3→P1」のような並び方も可能になる。この例では、まさに「P1の一瞬が多数の現象生起を中に含んでいる（一念三千）」ということになる。

ただし、天台哲学では、法性を汎神論的絶対者としての「存在そのもの」と解する可能性も残る。そうした解釈の揺らぎが、後には天台山家派と天台山外派の分裂につながり、日本の天台本覚思想を「事常住」と「理顕本」とに分裂させることになった［田村］。

# 第九章

# 時間幻想
## インド仏教との共鳴

### 一　はじめに——課題の設定

われわれは時間の流れと空間の広がりに身を置き、因果関係の網の目の中で日々生活していると考えられる。こうした世界は「日常的世界」と呼ぶことができ、通常は、自然科学が前提とする世界でもあるために「自然主義的世界」と名づけることもできる。しかしながら、日常的世界（自然主義的世界）は、われわれが当たり前のように日々受け入れているとはいえ、それがそのまま「ほんとうの世界」だと断定することはできない。スクリーンの上に映される風景が、本当にそこにあるわけではないのと同じことである。

一方、古代インドの思想家たちは、瞑想の中で出会った直観のままに、世界の真相を「またたく星や眼の中の翳《かげ》、ゆらめく灯火や、水泡《うたかた》や、夢や、電光や、雲のようだ」（『ヴァジュラッチェディカー・プラジュニャー・パーラミター』第三一節）と捉えた。それはあまりにも美しく神秘的なファンタジーだが、そうしたヴィジョンを導きの糸としながら、単なるファンタジーを超えたこの世界の真相を解き明かすことが本章の課題である。

ただし、探求の方法はあくまでも哲学であり、言葉（概念）による論理的推論を通じた現実世界のモデル化を目指している。もちろん、言葉や理性には限界があるし、哲学的推論の多くは実験や観察で実証できず、演繹的分析で証明できるとも限らないものだ。しかし、たとえどれだけ限界があっても、一方では、言葉でなければ解明しえないこともある。前章で紹介したナーガールジュナも、「世俗の表現に依存しないでは、究極の真理を説くことはできない。究極の真理に到達しないならば、ニルヴァーナを体得することはできない」（MK・第二四章第一〇詩）と説いている。真実在そのものは言葉を超えているとしても、われわれをまさに「その場所」まで導き、そこにあるものを着実に指し示してくれるのは、何よりも言葉による論理ではないだろうか。

そして、「論理的」であることの最も重要な要件は、無矛盾ということである。確かに、われわれが日々体験する世界には、さまざまな矛盾が含まれているように見える。それに対して本章では、第一部の最終章で確認した通り、論理的な矛盾を起こさないように、体験の意味を再解釈することで対応してゆきたい。それにより、体験自体も——再解釈された形ではあるが——ありのままに受け入れられ、論理と体験の双方が両立可能になるからである。

常識のまどろみの中では決して気づかれることのないこの世界の真相に、瞑想や宗教体験はいうまでもなく「矛盾の論理」にも依存することなく、合理的にアプローチすることが本章の課題である。

## 二　予備考察（1）——意識現象の考察

### 意識現象

考察の第一段階は、デカルトに倣って、「確実にあるといえるものは何か」を問うことである。答えは、今ここの意識現象であり、それは、視覚・聴覚・思惟・感情などのすべての内容を包括した一つの経験である（自分自身の身体を意識現象の内容の一部に含めることもできる。実際、事故などで手足を失っても、それらがまだあるかのようにリアルに感じる場合は多い。）そうしたものを「私の意識現象」ということもできるが、その場合の「私」とは、意識現象が今ここに現れているということの単なるいいかえである。たとえ目の前のグラスや昨日の記憶が偽りだったとしても、そうした幻想が、意識現象として今ここにあることは否定できない。また、その内容があいまいであっても、言葉で説明できなくても（そもそも感覚や知覚は言葉でうまく説明できないのが当然だ）何らかの意識現象が経験されていること自体は、リアルタイムで確認可能である。

もとよりここでは、そうした現象を生み出す「主体」（「自我」「主観」「自由意志」などと呼んでもよい）は考えない。あるのはただ、主・客一体の意識現象である。[1] そもそも、「主体」が意識現象を生み出すという構図は、因果関係の実体化から生じるものであり、そのことは「三」で批判することにしたい。また、意識現象の「意識」という語は物・心二元論を予想させるが、「物」に関しては「三」で扱うことにして、ここでは一旦保留しておこう。

### ヴァーチャル空間

意識現象は刻々に変化し、さまざまな内容が考えられる。「今、赤い色が見えている」というのも意識現象であるし、「大きな音が聞こえている」とか「空腹でいらだっている」というのも意識現象である。しかし、「遠くに山が見える」という意識現象はどうだろうか。これは、遠近法的な空間の奥行きが体験されていることを表している。「赤い色が見える」という場合には赤い色の存在は疑いようのない今ここの事実だが、奥行きが感じられるという場合にも、同様に、奥行きというものが今ここに実在しているのだろうか。

通常、遠くに山が見え、空間の奥行きが「実在している」ということは、「その山は近くから見ればより大きく見える」「向こう側から見れば裏側が見える」「そこに登れば山は足の下の地面になる」といったさまざまな意識現象の存在を予想することである。しかし、確実に経験されているものは今ここの意識現象一つであり、それ以外の意識現象が実在することは断言できない。仮にそれらが実在するとしても、今ここの意識現象とは別の現象である以上、今ここにある意識現象は、それらとは区別された、単なる視覚映像や空間「感覚」である（まして、意識の上で見たり触ったりすることとは別の「山そのもの」がどういうものかは想像もできず、そういうものがあるのかどうかも、実は全く不可知の領域に属する。この点も「三」で後述する）。

もちろん、視覚映像といってもテレビの画面のような平面的なモノがあるわけではなく、存在するのはどこまでも生々しい「奥行き」という感覚である。しかし、「山の地肌」や「山の裏側」が今ここにあるわけではないという意味で、「遠くに見えている山や奥行きは、今ここの実在そのものではない」といわなければならない。

## デジタル時間

「今ここの意識現象」といっても、意外にその内容が把握しにくい例が他にもある。それは、変化するものを中に含んでいる場合である。たとえば、「飛んでいる矢が見える」という意識現象の場合、われわれは直観的には、動いている矢を動いている状態のままで「今現在」見ていると思い込んでいる。自然科学的にいえば、人間の脳が三秒程度の変化をひとまとめに認知するように出来ているのかも知れない。しかし、本当に、一つの瞬間の意識現象の中に「変化」が含まれていてよいのだろうか。

結論からいうと、厳密な意味で単一の現象（瞬間）には、変化が含まれることはありえない。たとえば、飛んでいる矢の先端がA点からB点に進むとしよう。その場合、次の二つの事象が生起していることになる。

**事象1**　矢の先端はA点にありB点にはない。

## 事象2　矢の先端はA点になくB点にある。

事象1と2は異なるものであり、同時には起こりえない。もしもAからBに動くという変化が一瞬の中に含まれるとすれば、単一の現象が1でもあり2でもあることになるが、それは矛盾である。いいかえれば、一つの現象の内容は必ず一つの確定した状態でなければならないということである。

それでは、そうした「一瞬の現象」とは、どれぐらいの時間生起するのだろうか。たとえば、「一瞬（瞬間）」の持続時間が無限小だと考えてみる。しかしそうすると、どんなに短い時間幅をとっても、必ず二つ以上の（厳密にいえば無限個の）異なる瞬間が含まれ、現象の内容は一つに確定しない。また、無限小は極限値としてはゼロだが、瞬間の持続時間がゼロということもありえない。もしそうなら、現象は消滅してしまうからである。従って、瞬間の持続時間は、無限小でもゼロでもない一定の値ということになる。そしてその中には、常に単一の現象だけが含まれている。

二つ以上の瞬間にわたって事象が変化していればそれは「動」であり、二つ以上の瞬間にわたって同一ならばそれは「静」である。しかし、厳密な意味で単一の現象は、動でもなく静でもない。そこにはいかなる変化も持続も含まれることはなく、その中身を言葉で説明することもありえないが、それがまさに「瞬間」の本質なのである。(2)

そうした最小時間が客観的な意味で何ピコセカンドなのかと問うことは、おそらく無意味であろう。現代物理学における最小時間はプランク時間であり、古代インドにおけるクシャナ（刹那）は75分の

1秒と考えられていた。しかし、そういう途方もない微小時間でなくても、茫然としたり昏睡したりすれば、意識現象としては一瞬である。そもそも物理学的な時間というものは、意識現象に現れるある種の物体の変化を「時計」と定義して、それをもとに設定された時間であり、その意味では、あくまでも仮定されたものに過ぎないわけである。

一方、世界が不可分割の最小時間からなりたっているデジタルなものだとすれば、事物の動きがギクシャクするのではないかと思われるかも知れない。しかし、それはありえないことだ。まず、時間の流れとは、変化も持続も含まない単位時間の隙間のない連続である以上、十分になめらかなものであるはずだからである。

また、意識現象には記憶残像が伴うことも忘れてはならない。それはこういうことである。矢の先端がA点にある瞬間とB点にある瞬間とは別個の現象だが、「AからBへ流れるような」内容で一つの現象が生じることもありうる。ちょうど、高速で走るものを露出時間の長いカメラで写した写真のようなものである。その場合、矢はB点に見えながらも、A点のところまで記憶残像をひきずっており、そのような「流れ」を含んだ意識現象の全体が、実は一瞬の映像に他ならない（その場合の記憶残像は、視覚上の「なごり」（眩像）でもあり、思惟的な意味での「記憶」でもある）。こうした記憶残像が濃厚に付着することで、われわれは〝ほんとうは〟デジタルな時間の中にいながらも、連続した運動や変化を擬似体験することができるのである。静止した風景をゆったり眺める時に感じる鮮明さや安定感も、刻々の瞬間の中に、「その風景は、ずっと静止したままで存在し続けているのだ」という記憶残像が、一種の心象として付着しているからこそ成り立つのではないか。

## 単一の空間としての意識現象

次に、一つの意識現象は空間的にも単一なものであることを確認しておきたい。

たとえば、一本の菩提樹の下に少女が立っているという意識現象（視覚映像）が今ここにあるとしよう。その場合、「菩提樹」とは「少女も同時に見えている状態の菩提樹」であり、「少女」とは「菩提樹も同時に見えている状態の少女」である。少女と菩提樹の片方だけを見ることはできるが、片方だけを見た時の意識現象（視覚映像）は、同時に見た時の意識現象とはもはや別物である。従って、一つの現象は、たとえ内部に多様な要素（菩提樹と少女）を含んでいても、全体が分割不可能な一つの内容をなし、その中の一部が変化すれば、現象全体も変化したと考えなければならない。

確かに、少女が視界の右側で菩提樹が視界の左側だというような区別はある。しかし、「単独の少女」が右側にいて、「単独の菩提樹」が左側にあるというわけではない。今ここの瞬間には「単独の少女」も「単独の菩提樹」も存在しないのであり、その意味では、まさしく「部分は実在しない」といわなければならないのだ。それゆえ、今ここにある直線や面なども、あくまでも単一の直線や面であって、決して無限小の点の集合だと考えてはならない。この論点は、「四」で重大な結果を導くことになるはずである。

一つの視覚映像の中の菩提樹と少女の関係は、一つの意識現象の中での視覚と音の関係にも適用できる。それゆえ、今現在見えているもの、聞こえているもの、匂っているもの、考えているものなど、一見種類の違う感覚も含めたすべての内容が、全体として「今ここ」の単一不可分な意識現象に他ならないといえる。

以上の考察を、次のようにまとめておこう。

1　意識現象がある。それは、随時確認可能だ。（命題1）

2　意識現象が生起する時間はゼロでも無限小でもない一定の時間である。しかし、個々の現象は、決して分割できない単一のものであるという意味で、いかなる変化も持続もその中には含まれない。（命題2）

3　今ここの意識現象は、一見多様な内容を含むように見えても、あくまでも全体として単一不可分の現象（存在者）である。（命題3）

「二」で論じたように、われわれの指針は、論理（無矛盾性）と体験の両者に対して整合的であることである。1は、もっぱら体験によって確認される。一方、体験の内容に関する2と3は、論理主導で導かれるものである。ただし、その場合も、所与の体験と積極的に矛盾することはない。今後も、こうした二つのタイプを使い分けつつ、考察を進めることになろう。

## 三　予備考察（2）——外的世界の考察

### 独我論の可能性

経験にもとづいて確実にあるといえるものは、今ここの意識現象だけである。それ以外のものは今ここには存在せず、それらが本当にあるのかどうか、あるとすればどういうものかを断定することはできない（さまざまな仮定のもとで「推測」はできるが、直接的に知ることはできないという意味で、「不可知」と呼んでおこう）。

一方、「今ここの意識現象」以外のものは、次のように分類される。

カテゴリー1　意識現象以外の全く未知の存在者。
カテゴリー2　意識現象以外の物理的存在者（物そのもの）。
カテゴリー3　「私」以外の、他者の意識現象。
カテゴリー4　「今」以外の私の意識現象。

「1と2が存在せず、3と4は存在する」と考えれば第一段階の独我論（唯心論）である。一方、「1、2、3は存在せず、4だけが存在する」と考えれば第二段階の独我論（個我主義）である。「1、2、3、4の全部が存在しない」といえば、これが第三段階の究極の独我論である。もとより、1〜

4は不可知なので「ない」と断定することもできない。しかし、少なくとも可能性としては第三段階の独我論まで排除することはできない。

普通、独我論といえば第二段階のものを想像するが、これなどは、一つの可能性として考えれば、必ずしも不自然ではなく不道徳でもない。「私」がこうして考えていることも「私」だけの幻想であり、「私」が聞いている話や読んでいる書物も、本当は語り手（書き手）の存在しない運命的な自然現象である（その場合の「私」は、この文章の読者にとっては読者自身である）。また、仕事で成功して称賛されるのも、やけどをして痛いと感じるのも、すべては「私」一人の意識の出来事に過ぎない。こう考えたところで、称賛されたくて仕事に励んだり、熱そうなものから手をひっこめたりすることをやめようとは思わないに違いない。幻想の中の（幻想だと分かっている）称賛でも、うれしい場合は多いだろうし、まして、美女の歓待や美食のご褒美があれば、たとえ幻想でも快楽に変わりはないからである。逆に、身体が幻想であっても、やけどの苦痛はやはり苦痛だから、「手」をひっこめないわけにはゆかない。このように考えれば、「独我論者が独我論を主張することは無意味である（主張する相手が存在しないから）」という批判は効力を失うことになる。

また、友人や恋人も含めて、他者一般を私自身の幻想だといえば、いかにも不道徳なように聞こえるが、普通の日常生活でも、自分にとっての最大の関心事は、「他者」が自分に対してどう反応するかということである。それゆえ、「目の前にいる人も、私と同じ意識主体であって、今、私が見ているのとは反対の側の部屋の壁をまさに見ているはずだ」と改めて意識することなどめったにないのではないか（逆に、意識主体ではないことが明らかな「ぬいぐるみ」に対して、われわれはあまりにも容易に感情移入することができる！）。

## 「物そのもの」とは何か

今以外の「私」の意識現象や、「私」以外の他者の意識現象は、それが存在するのかどうかも分からず、具体的にどういう内容かも不可知である。しかしそれでも、「意識現象である」という一点では、今ここでの経験と同質のものだといえる。（厳密にいえば、同質かどうかも不可知であり、両者の境界もファジーなものなのかも知れない。しかし、不可知であるからこそ、同質の現象として存在する可能性を否定することもできない。もし、こうした意識現象が実在しないならば、それはまさしく、第二段階か第三段階の独我論が妥当するということである。）

一方、意識現象以外に物理的存在者というものがあるとすれば、そうした同質性すら期待できず、すべては不可知の闇の中に閉ざされてしまう。物理的存在者、たとえば目の前の「石」について私が知っているのは、石についての視覚映像という私自身の意識現象である。石に触った時の感触というのも、やはり私の意識現象である。「モノは空間的な広がりを持つ」といわれるが、そういう「広がり」というのも、視覚や触覚という意識の中でイメージされたものに過ぎない。「石そのもの」というものが、もしあるとすれば、それは私自身が石に生まれ変わった時に体験するであろう現象（感覚）

のことである。そして、それは全く想像を絶した世界なのである。(3)

一つの意識現象は、それ全体が単一不可分の現象である（命題3）。だとすれば、私の意識現象（視覚映像）の中の一部分である「石」だけに対応して、「物そのもの」があるとは限らない。むしろ目の前の石や草や木などを全部含めた、今ここの意識現象全体に対して、それに対応する「物そのもの」があると考えるべきなのかも知れない。

あるいはまた、こうも考えられる。われわれ人間の意識現象は、人ごとの、また、瞬間ごとの、多数の「場面」に分かれている。しかし、物理的世界にそうした区画（ガクブチ）は存在しないはずである。従って、物理的存在者とは、石とか木とか素粒子ごとに別々にあるものではなく、宇宙の全時空がたった一つの存在者（現象）なのかも知れない。

しかしそれも、結局は不可知である。それゆえ、今ここの意識現象に対応する物理的存在者など、はじめから何もないのかも知れないし、逆に、われわれの意識とは全く無関係に完全な未知の現象として、無数に実在しているかも知れないのである。

物理的存在者そのものは、たとえ実在するとしても想像を絶した不可知のものである。従って、それと、意識の中に現れる「物」（たとえば、石）との間に、何らかの「因果的」な結びつきが認められなければ、それを物理的存在者だと称すること自体無意味になってしまう。そうなれば、物理的存在者は「全く未知の存在者（本節冒頭のカテゴリー1）」と区別することもできない。

しかし、もともと単一不可分な意識現象の中の一箇所に対して、何らかの外部の存在者を「原因」として対応させられるとは限らない。それどころか、後述するように、因果関係そのものが本当は実在しえないのである（さらにいえば、現象Aが現象Bに「付随して」生じるということさえ、本当はありえないのだが、この点は「四」で詳論したい）。

結局、個々の意識現象（あるいは、その中の一部分である「物」のイメージ）と物理的存在者とが、因果的に結びつくことはなく、すべての物理的存在者（カテゴリー2）は、われわれの意識内容の何ものとも関係しない「全く未知の存在者（カテゴリー1）」に等しくなってしまう。それゆえ、これ以後の議論では、そうした「全く未知の存在者」という意味を込めて、「物理的存在者」という語を使わなければならない。

このように物理的存在者は、仮に存在すると仮定しても、われわれには想像のつかない未知のものである。しかし、私自身の意識現象と全く共通性を持たないわけでもない。なぜならば、意識現象も物理的存在者も、「存在者である」、つまり「現に現れている一つの現象だ」という点では共通しているからである。そして、「現に現れている」ものであれば、それが（たとえどういうものであっても）単一の内容を持つはずであり、意識現象に関して述べた命題2や3も、すべて当てはまると考えてよい。

また、「Aが今ここに現れていれば、それとは異なるBは現れておらず、Bが今ここに現れていれば、Aは現れていない」という排他的相互依存関係は、任意の意識現象と物理的存在者（物理現象）

との間にも当然成立する（たとえば、「私が人間に生まれていれば石ではなく、石に生まれていれば人間ではない」）。こうした意味で、意識現象と物理的存在者とは、逆説的な形で、最低限度の同質性を持つ。現象として現れることが絶対にないものは、もはや存在者とはいえない[4]。それゆえ、決して現れない「物そのもの」は否定される。一方、意識現象以外の物理的存在者は、たとえ想像を絶した内容であっても、何らかの現象として現れる可能性はある。それゆえ、「唯心論」は偽とも真とも断定できない[5]。いずれにしても、物理的存在者（物そのもの）は、もしもそれが実在するのであれば、意識現象と同様の、しかしそれとは別個の、一つの「現象」である（それゆえ、意識現象が物理的な時空の中にあるという描像も、当然否定される）。

以上の考察を、次のようにまとめておこう。

4　今ここの意識現象以外の存在者は、その存在も内容も不可知であり、独我論は可能性としては否定できない。（命題4）

5　どのような存在者も、もしも存在しているならば、現に現れている存在者（現象）であって、意識現象同様、単一で確定した内容を持っている。（命題5）

## 因果関係の虚構性

われわれは、「今ここの意識現象が、単独で幻のように存在している」というイメージには違和感を覚えやすい。意識現象には、何か、それの「原因」となるような外的（客観的）事物が実在すると通常は考えている。それは、物理的存在者かも知れないし、他の意識現象かも知れない。いずれにしても、そうした客観的事物は、「個々の意識現象の原因となる何ものかであり、その意識現象が存在しなくなった時も依然としてあり続けるものである」と、通常は理解しているわけである。

しかし、「原因」とは、そもそも何なのか？　われわれはここで、因果関係について改めて考察しなければならない。

因果関係は対象そのものの中には実在せず、その意味では虚構（仮設）である。それは、一八世紀のヒュームやカントの時代からすでに認識されていたことであった。

そもそもすべての存在者は、意識現象にせよ物理的存在者にせよ、固有の内容を持った完結した現象であり、他者とつながったりかかわったりしうるものではない。明らかに異質な「意識現象と物理的存在者」との間においてもそうだが、意識現象どうし、物理的存在者どうしに関しても、やはり相互に別個の存在なのである。従って、一つの現象が他の現象を引き起こすということは、原理的にありえないといわなければならない(6)。

われわれにいえることは、あるタイプの現象（A）の後にはあるタイプの現象（B）が生じる（あるいは、生じやすい）という法則性についてだけである。しかしそれは単なる「事実」であって、今後も同じように繰り返される保証はない。たとえ世界の終わりまで、必ずAの後にBが生じたとしても、その場合も、法則性は単なる「事実」である。つまり、こうしたAとBとの関係に必然性を与え、他の可能性を排除するような積極的な「根拠」を見いだすことはできないのだ。仮に、Aの後にBが生じる根拠を解明しえたとしても、今度は、その根拠を改めて根拠づけなければならず、その過程は無限後退に陥る（たとえば、「周期的に日食が起きるのはなぜか？」と問うて、「月が太陽の前に来るからだ」と説明すると、「それでは、月が前に来るとなぜ光が見えなくなるのか？　なぜ透けて見えたりしないのか？」と即座に問うことができよう）。

世界がこうした「根拠」のない「事実」の集積である以上、「Aの結果、Bが生じた」という因果関係のカテゴリーを、そこに認めることは不可能である。そして、因果関係が虚構である以上、個々の現象は、何らかの他者を原因として生じたものではない。それは、ただ「あるべくしてある」としかいいようのない「運命」の所産であり、完全な必然であるとともに完全な偶然なのである（時空全体の中での個々の現象の存在が、必然かつ偶然であるのと同様、「今ここ」というものが、あるいは「私」というものが[7]、それらの中のどの現象なのかも、完全な必然であり完全な偶然である）。

因果関係を実体視した上で、世界の変化が自然法則によって一義的に規定されると信じることを「決定論」と呼ぼう（ただし、量子力学などの現代科学は原理的偶然を認めており、決定論とはいえない）。一方、明日の天気が雨か雨でないかが自然法則によって予測できてもできなくても、明日になってみれば答えは一つしかない。そのことが、ここでいう「運命論」である。実際、「一九八〇年一月一日」が雨であるとすれば、「雨でない一九八〇年一月一日」など、この宇宙のどこにも存在しないだろう。本章では、こうした意味での運命論を支持することにしたい。また、われわれが「自由意志」で「何かをしよう」と思いついたとしても、思いつく瞬間の意志の出現はまさに運命的であり、思いつこうと思って思いついたわけではない（それが、脳の物理化学的メカニズムによって予測可能かどうかは、どちらでもよい）。それゆえ、ここでいう運命論は、世界が因果的に秩序だって見えることや、われわれが時として自由意志を実感することとは全く次元の異なる、より根源的な必然性（かつ偶然性）の問題なのである。

ただし、世界のすべてが運命的であるにしても、その内容が誰にとっても予測不能であれば、実生活上は確定していないのと同じことであり、われわれの日常に直ちに不都合を生じることはない。[8] また、「運命」という名の〝純粋形相〟が実在するわけではなく、未来を規定する設計図のようなものが、今現在のどこかに（誰かの意識の中に）あるというわけでもない。

現代の哲学では「すべての可能世界に共通して生じている事象」を必然、「一部の可能世界にのみ生じる事象」を偶然と定義している。しかし、運命論にとって、現実世界以外の可能世界とは、単なる空想か「現実に対する無知の表明」に過ぎず、それ以上のリアリティーは認められない。従って、こうした様相概念を駆使して運命論を批判する説には、意味がないというべきである。[9]

現実世界がいかに複雑精妙でも、それは「驚くべき運命の所産」として受け入れなければならないだろう。複雑精妙な宇宙の不思議さを解消してくれるような、何らかの合理的な説明などありえないからである。

たとえば、科学者は、法則と初期条件の組み合わせによって、世界を「合理的」に説明しようとする。しかし、持続する法則と絶妙な初期条件とが存在すること自体、驚くべき運命の所産である。それゆえ、最も合理的なものこそ最も神秘的であり、科学で世界の不思議さを解消することはできない。他方、宗教家は、神が世界を創造したと考えることによって、この世界の複雑精妙さを説明しようとするだろう。しかしその場合には、世界の複雑精妙さと同等以上の複雑精妙さが、神（の意識）の中に存在しなければならず、神も含めた現実世界全体の複雑精妙さを高めこそすれ、解消することにはならない。しかも、神から被造物への因果作用は、哲学的には虚構である（神からの因果作用だけを特別扱いする説もあるが、それでは「アドホック論法〈ご都合主義〉」になってしまう）。

それゆえ、以上の考察をまとめれば、次のようになる。

6　因果関係は虚構であり、現象相互間に因果的な結合はありえない。すべての現象は、必然でもあり偶然でもある運命的な存在者である。（命題6）

今ここにある現象Aは、一つの厳然たる運命として存在している。そして、すべての現象（意識現象にせよ物理的存在者にせよ）をひっくるめた世界全体（S）もまた、運命的な存在者である。世界全体を一つのセットと考えた場合、そのセットがどういうものでありうるかには無限の可能性があるが、現実にはその中の一つのSが生起しているのであり、だからこそ、その一部としてAも存在しているのである。つまり、世界全体が「Aというものを含み、A以外の他のものもAを阻害しないような配置になっている」からこそ、Aがこうして存在していられるわけである。それゆえ、「なぜAが存在する運命にあるのか」と問われれば、「世界全体が（Aを含んだ）Sである、という運命にあるからだ」と答えなければならない。

もっとも、世界がS以外であってもAは起こりうるので、世界Sは、Aにとっての必要十分条件ではない。しかし、「十分条件」という意味で、Aの「原因」だと解釈することはできる。そして、この場合の「原因」が、先程否定した「通常の意味での因果関係」における原因ではなく、論理的な関係における「原因」であることはいうまでもないことである。

われわれは最初に、「意識現象の原因となる何ものかであり、その意識現象が存在しなくなった後も依然としてあり続けるもの」のことを客観的事物と定式化した。しかし、通常の意味での因果関係は虚構なので、「月という意識現象の〈原因〉として客観的な月がある」というわけにはいかない。ところが、個々の意識現象にとって世界全体が十分条件としての論理的「原因」だと解釈し、「（原因となる）客観的事物」を、月や物体ではなく世界全体のことだと理解するならば、上述の定式は、たとえ因果関係が否定されても、そのままの形で妥当する。そして、これが、今ここの意識現象を支える「客観的事物」の真相なのである。

もちろん、世界全体というものが実際にはどういう内容かは不可知であり、それが本当に実在するのかどうかも分からない。もしも世界が、今ここの一瞬しか存在しない独我論的状況であった場合に、ここでいう客観的事物（すなわち世界全体）はいかに理解すべきか？　その問題は、「六」で改めて解明することになろう。

これで予備考察を終わり、われわれはいよいよ本論に進むことになる。

## 四　展開（1）——時間と自我の考察

思考実験

まず、次のような意味内容を持つ、六つの意識現象を想定してみよう。

**意識現象A一**〔わたしはシャーリプトラで今日は一月一日。昨日までの記憶はあるが、明日以降のことは分からない。〕

**意識現象A二**〔わたしはシャーリプトラで今日は一月二日。昨日までの記憶はあるが、明日以降のことは分からない。〕

**意識現象A三**〔わたしはシャーリプトラで今日は一月三日。昨日までの記憶はあるが、明日以降のことは分からない。〕

**意識現象B一**〔わたしはスブーティで今日は一月一日。昨日までの記憶はあるが、明日以降のことは分からない。〕

**意識現象B二**〔わたしはスブーティで今日は一月二日。昨日までの記憶はあるが、明日以降のことは分からない。〕

**意識現象B三**〔わたしはスブーティで今日は一月三日。昨日までの記憶はあるが、明日以降のことは分からない。〕

普通、われわれは、A一→A二→A三という順序で現象が生起していると考える。しかしもしも、A三→A二→A一という順序であっても、これらの意識現象を体験している者にとって、体験の内容自体は同じものになるはずである。

なぜならば、われわれは、各々の瞬間において、その意識現象の中に完全に閉じ込められており、外をうかがって複数の現象を直接見比べることができないからである。それゆえ、たとえば「A三」という領域の中では、一月二日までの過去が本当は存在していなかったとしても「時間は遠い昔から日付け通りに、一月三日まで流れて来た」と確信しているわけである。その他の瞬間においても、事情はみな同じなので、世界が時間的に逆流し出しても、中にいる者が体験する世界は、もとのままで変わることはない。(10)（ただし、各々の意識現象を誰かが体験しているように書いているのは、説明の便宜上の仮の表現である。「二」で述べたように、意識現象はただ「現れている」としかいいようのないものであり、意識現象とは別個の「誰か」が「それ」を体験していると考えるべきではない。）

さらにいえば、世界が、A二→A一→A三という完全にランダムな順序であっても、やはり「時間は正常に流れている」という刻々の体験自体は何一つ変わらないことになる。また、A二→A一→B三→B二のような、AとBが入り交じったケースでも同じことである。シャーリプトラがスブーティに変わった瞬間、「自分ははるか以前からずっとスブーティだった」という確信の世界に閉じ込められ、入れ代わりという奇跡が生じても、誰も何も気がつくことはない。(11)

こうした認識は、意識現象が、時間的に非連続であることを前提にしている。また、「前の意識現象が後の意識現象を因果関係によって導き出している」と考えれば、時間の逆転はありえないので、「因果関係の非実在性」も前提されなければならない。予備考察における結論（命題2と6）は、そうした諸条件がまさに充たされていることを表している。

一方、意識現象が、時間的に持続する物理的存在者（脳や身体）を土台にしている場合も、ここでの思考実験は成り立たない。しかし、この問題も、予備考察の命題5によって解決されるだろう。なぜならば、すべての物理的存在者は（もしもそれが実在するならば）、意識現象と同様の、しかしそれとは別個の、一つの存在者（現象）だからである。それらはすべて単一の内容を持ち、変化も持続も中に含まない。従って、われわれが常に一瞬で滅して他の意識現象に生まれ変わる以上、何らかの物理的存在者に生まれ変わる可能性も認めざるをえないのである（もっとも、意識現象と物理的存在者とがどう違うかを、明確に示すことはできないが）。

それゆえ、以下の考察では、「意識現象」を「現象」一般に置きかえた上で、議論を進めることにしよう。

## 「関係」がありえない世界

しかし、そもそも、現象と現象との間に、順序というものが本当にあるのだろうか？

結論からいえば、現象相互間には、上下・左右・時間的先後などのいかなる「関係」もありえない。分からないとか不確定だというのではなく、根本的に存在しえないのである。なぜなら、上下・左右・先後などの「関係」は、「二つの現象の内容」として現れるものだからである。すべての形あるものは各々一つの現象なのであり、現象相互の「間」には何ものも存在しない。もし何かがあるとすれば、それ自体が一つの別の現象になってしまうだろう。

従って、もしも現象相互間に、上下・左右・先後などの「関係」を認めようとすれば、すべての現象を含む一つの「超現象」（S）を想定しなければならない。そこで、視覚・聴覚・思考などのすべての内容を含んだ「一瞬の意識現象」を一枚のスナップ写真にたとえ、無数のスナップ写真が整然と配列された無限大のホワイトボードを考えてみる。「超現象」Sとはそうしたホワイトボードであり、たとえていえば、「世界を見渡す神の視野」である。問題は、そうした超現象Sが本当にありうるのかということである。

まず、「現象Aが経験されている」という場合、Aだけが今ここに現れているのであって、A以外のものが混入することはありえない。一方、「現象A、現象B、現象Cなどをすべて含んだ超現象Sが現れている」（比喩的にいえば、「神が世界Sを見ている」）場合、S全体が一まとまりの単一の現象である（命題3）。それゆえ、「Sの中のA」とは「B・C・Dその他もすべて同時に視野に入った状態のA」である。そうすると、「単独で現れている現象A」と「超現象Sの中の現象A」とは同じものではないことになる。つまり、前者がSの中に含まれているとはいえず、それゆえ、「すべての現象を含んだ超現象S」とは偽りなのである。そして、超現象Sが存在しえない以上、現象相互の「間」というものもありえない。こうして、現象相互間にはいかなる関係も存在しないことが結論づけられる。

このことは、日常の常識をはるかに超えた世界観を指し示している。そこでは、さまざまな現象が「時間的に流れる」ということ自体がありえないのである。命題6では、現象どうしが実体的な因果関係によって結びついていることを否定したが、それだけではなく、順序や位置というものもまた、一切存在しえない。

A一が生起している時には、A二以下はいかなる意味でも生起していない。それらは、A一の「前」にあるのでもなく、「後」にあるのでもなく、別の場所にあるのでもない。それはただ「今ここにはない」としかいいようのないものである。それゆえ、Ａ一が生起するための唯一の条件とは、「Ａ一以外のものが今ここにはない」という事実（すなわち、Xと非Xとの間の排他的相互依存関係）でしかないのである。

このように、この世界のすべての現象は、排他的相互依存関係（これを「縁起」と呼んでおこう）に従って、互いに交代しながら無限に生滅し続ける。それらの生起にはいかなる順序も位置関係もなく、また、同じ内容の現象が何回生起していても、気づくことも区別することもできない。それはまさに、実体のない幻のおりなす万華鏡的な夢幻世界である。

また、常識的な理解では、過去と現在は確定しているが未来は確定せず、それゆえ、未来には運命論が妥当しないと考えられる。しかし、現象世界に順序関係がない以上、（後述する「仮想世界」の中での虚像を除けば）過去と未来の区別はそもそも存在しない。「今ここ」以外の現象はすべて、「今ここ」においては非在であり、かつ、不可知である。逆に、すべての現象は、それが現れる時には必ず一定の確定した内容で現れる。これらはまさしく前節で述べた運命論であり、こうした意味でも、本章の世界観は運命論（命題6）と結びつかざるをえないのである。

もとより、「一切関係がない」という関係で並んでいるものを想像するのは、至難のわざであろう。想像したとたんに、われわれは何らかの配列を勝手に思い描いてしまうからだ。従って、それは、決してイメージすることのできない世界であり、文字通りの意味で、「不可思議な世界」なのである。

7　複数の現象を包む超現象はありえない。包まれた現象は、単独で存在する時とは別のものになるからである。（命題7）

8　一瞬一瞬の現象相互間には、順序も位置もなく、いかなる関係もない。すべての現象は排他的相互依存関係に従い、交互に生起する。（命題8）

こうした思想は、前章で紹介したナーガールジュナの時間非在論、特に、MK（マディヤマカ・カーリカー）第一九章の【論証5】と完全に一致している。

そもそもナーガールジュナの思想では、この世界のすべては「空（シューニャ）」であり、それは、「いかなる事物にも自性（スヴァバーヴァ）がない」、すなわち「実体は存在しない」ということであった。自性とは「永遠不変の本質」のことなので、「空とは万物が変化することだ」と通常は理解されている。しかし、ナーガールジュナの空は、そういう当たり前のことだけをいっているわけではない。変化する際の順序関係もまた自性であり、それも存在しないということなのだ。だからこそ、この世界は「蜃気楼や、かげろうや、夢」のように幻だといえるわけである。(12)

## 絶対者が要請される理由とそれに対する批判

こうした思想に納得できない人々がこれに対して反論しようとすれば、どういう議論がありうるだろうか。彼らは、現象相互間に何らかの「関係」を維持したいと考え、前述のような超現象Sを想定しようとするだろう。しかし、「Sの中の現象A（それは結局、S全体でもあるが）」と「単独で現れた現象A」とが一致しないため、Sの存在は否定されてしまう。ただ、相異《あい》なるSとAを異なるままで同一だと強弁できれば、Sも存在可能となり、現象相互間には一定の「関係」が成立する。反論者はまさにこの点に活路を求めなければならないだろう。

それでは、異なるものを同一だというために、どういう証明が可能なのか。それは、「表面的な形は異なるが、本体は同じだ」という論法である。映画にたとえるならば、「映像は変わっても、スクリーンそのものは同一だ」と主張することである。そのような無のスクリーンを、あらゆる現象の背後に考える時、Aの背後にもBの背後にも、また、すべての現象を含んだ世界Sの背後にも、同一の「無」――すなわち汎神論的絶対者としての純粋質料――が想定される。しかも、無形相の純粋質料と諸現象とは不即不離の関係で重なり、両者は別異でもあり、同一でもある。別異であるがゆえに、純粋質料は多彩な諸現象を離れて、常に同一の「無」であり続け、Aの背後もSの背後もみな同じ純粋質料となる。一方、純粋質料と諸現象は同一であって分けられないがゆえに、すべての「無」が同一である以上、AとSも同一でなければならない。こうして、「Sの中の現象A（すなわち、S全体）」と「単独のA」は同一になり、世界Sが成立し、現象相互間の「関係」も復活する。古典的な形而上学において、多くの論者が汎神論的絶対者を想定してきたのは、まさにこうした論理に暗黙のうちに――あるいは断片的に――気づいていたからではなかろうか。

しかし、何ものでもないもの――映画の映らないスクリーン、波の立たない海――など、本当にありうるのだろうか。しかもそれは、完全な無でありながら、無という姿のままで、「形」ある個々の現象に重なっていなければならないのだ。現実のいかなる存在者も、必ず何らかの形で現れており、〈そこにありながら何ものでもないもの〉とは、文字通りの矛盾であろう。また、純粋質料と現象との「同一」と「別異」を、恣意的に使い分けるということは、より一層受け入れがたい矛盾である。そうした矛盾を「矛盾の論理」によって正当化することも、第一部第七章の「六」において、すでに否定されている。

　そもそも反論者が、純粋質料（無の場所）を想定し、あえて矛盾を容認しようとする積極的な根拠は何か。それは、結局、こうしなければ現象相互間に一切の「関係」がなくなり、それが非常識だと考えられるからである。しかしながら、現象間無関係という「不思議の世界」を認めても――本節冒頭の「思考実験」や、後述する「五」で論じるように――日々の経験は〝仮想時間〟という形で成立し、体験そのものが直ちに否定されるわけではない。従って、こうした無理な論理を持ち出してまで現象相互間の関係性に固執する理由を、われわれは認めることができない。

### 死の超克

　次に死について考えてみよう。本節冒頭の意識現象A一～B三に登場するシャーリプトラが、一月三日の夜に死んだと仮定する。シャーリプトラが一月三日に死ぬということは、意識現象A三の続きの内容を持った意識現象がどこにも存在しないということである。どんな現象でも必ず一瞬で滅するわけだが（命題2）、意識現象A三が生じ終わった後のシャーリプトラは、一体どうなるのだろうか？

現象相互間に順序関係がない以上、A三以外のすべての現象はA三に対して「先」でも「後」でもない。また、特定の現象だけが、特定の現象の「後」につながるわけでもない。「先」「後」という概念自体が意味をなさないわけだが、説明の便宜上、「後」という言葉を仮に使うとすれば、世界中のすべての現象がA三の「後」に来るといってもよい。それは、A一でもあり、A二でもあり、B一でも、B二でもありうる。すなわち、一月三日の「直後」に来るものは、一月二日でもあり、一月一日でもあり、十二月三十一日でもある。シャーリプトラの「直後」に続くものは、シャーリプトラでもあり、スブーティでもあり、アーナンダでもある。それゆえ、自己は「次」の瞬間には、同じ自己でありながら、同時に無数の他者にもなるわけであって、「私」の連続性（自己同一性）は幻想に過ぎない。

従って、もしも私が死んだなら、その「後」には、子ども時代の私が子ども時代の生活を続けているだろうし、学生時代の私が学生時代の生活を続けているだろう。アショーカ王として生きる生もあれば、犬やカエルとして生きる生もあるだろう。死んだ私は、「これらのすべてになった」、そして「これらのすべてになって、何事もなかったかのように、各々の生を生きているのだ」といってよいわけである。

このように、本章の世界観——仮に「空」と呼んでおこう——は完全な消滅という意味での死を許さない。この私の人生というドラマの続編はなくても、他のあらゆる現象（存在者）に向けて漂流し、終わることがないのである（現象が最初から一つしかない場合については、次節で考察する）。これは、ある意味でインドの輪廻（サンサーラ）説に近い。ただし、ヒンドゥー教とは異なり、転生してゆく主体となる「不滅の自己（アートマン）」は想定しない（この点は、仏教思想の大原則でもある）。また、何か一つの存在者に向けて転生するのでもなく、すべての現象（存在者）に向けて転生するわけである。さらにいえば、「死んだ」時にだけ輪廻転生が起きるのではない。命題2に従えば、一瞬一瞬がすべて独立した現象（存在者）であり、個々の瞬間が終わるたびごとに、「私」は世界のあらゆる現象に向けて転生してゆくことになる。

こうした「不死」の認識は、われわれの生き方にどういう影響を与えるだろうか。誰しも自分の人生（たとえそれが、意識現象Xの中の幻想だと分かっていても）に執着を持っているので、気軽に死ぬわけにはいかないはずである。逆に、現状が耐えがたい苦痛に満ちていれば、自殺することで今のドラマを終わりにしたいと思うかも知れない。そうした執着や衝動に関しては、何も変わらないと考えられる。また、たとえ死んでも「憂いのない場所」に直行することができないとすれば、生の苦しみはより一層重くなるが、死に向かう誘惑もまた水をさされることになるだろう。

ただし、やむをえない事情から、どうしても死なねばならない状況にたちいたった場合、「不死」を知ることで、死に対する不安を緩和する効果は期待できる。もし、「今の自分の生が死によって否定されるならば、その〈後〉に別の記憶を持った生が来るとしても、なぐさめにはならない」という執着心の強い人がいるとすれば、次のようにいうこともできるだろう。「あなたがそれほど執着している今の自分の生も、一瞬〈前〉の別の誰かの生を否定することで生じたものなのだ」と。

## 五　展開（2）——幻想の考察

### 仮想時間の生成

世界を構成する諸現象が、互いに一定の関係を持たない、変幻する蜃気楼であったとしても、意味内容上連続した現象どうしは、連続した「ドラマ」として経験されるに違いない。

**意識現象C一**〔わたしはシャーリプトラで、今は一時一分。直前までの記憶はあるが今後のことは分からない。〕

**意識現象C二**〔わたしはシャーリプトラで、今は一時二分。直前までの記憶はあるが今後のことは分からない。〕

**意識現象C三**〔わたしはシャーリプトラで、今は一時三分。直前までの記憶はあるが今後のことは分からない。〕

C一、C二、C三がどういう順序で生起しても、あるいは相互に何の順序も存在していなくても、シャーリプトラである「私」は、一時一分から一時三分までの時刻通りの時間経過を経験するはずである。意識現象の中の意味内容上のつながりのあるものが、ただ「意味内容上のつながりがある」という事実の結果として、おのずから結びつき、「一つの連続した流れ」として浮かび上がってくるからである。こうした体験を、ここでは「仮想時間」と呼んでおこう。[13]

ナーガールジュナもまた、「意味づけられた経験」に注目して、それを「仮に設けられたもの」（ウパーダーヤ・プラジュニャプティ）と呼び、空である世界と二重構造をなすと考えた。MK・第二四章第一八詩は、そのことを次のように表している。「縁起するものをわれわれは空と説く。それは仮に設けられたものであって、それはすなわち中道である。」

しかし、そうした整合的な内容を持つ意識現象群が、本当に実在するという保証はない。もしもそういうものがなく、仮想時間が生じていなかったとしても、「今ここ」の一瞬の中で「時間は流れている」と思い込んでしまえば、その瞬間における限り、仮想時間を体験してきた場合と区別がつかないことになる。つまり、仮想時間の流れが生じているならばわれわれはそれを体験しているし、生じていなければ体験していないわけだが、「今ここ」で立ちどまって、実際はどちらなのかを反省しても、決して判別はできないということである。

仮想時間が体験されるための条件は、意識現象の中に、過去の記憶が含まれ、かつ、それらがC一〜C三のような整合性を持っていることである（意識現象ではない物理的存在者には「記憶」が含まれないとすれば、「物理的世界には時間は流れない」ということになる）。

「記憶」の現れには、(a)今ここでの経験が過去の経験と二重写しになる、既視感のような感覚、(b)およそ3秒以内の直近の過去が現在と一体化して現れる「過去保持」、(c)(通常は言葉を介して)遠い過去を思い出す「想起」がある。[14]

もっとも、一瞬の意識現象はきわめて短「時間」であり、中に含まれる記憶の量も微量なものでしかない。しかし、そこからショート・スパンの仮想時間がまず成立し、次に、その流れの全体が、より大容量の記憶を含んだ一まとまりの意識(C一～C三のような)となって、さらにロング・スパンの仮想時間を生成してゆく。

ただし、「流れる時間」という幻想の中では、過去は実在するものだが、未来はいまだ実在しない。それゆえ、過去に関する記憶は、仮想時間の流れをリアルに生み出すための不可欠な素材であり、一方、未来に関する予測の方は、ごく補助的な役割にとどまっているといわなければならない。[15]

### 時の流れのグラデーション

意識現象どうしの内容上の整合性も、仮想時間の流れを生み出すための重要な条件であり、そうした意識の内容次第で、発生する仮想時間にも、明晰さ、一貫性、奥深さなどのさまざまな違いが生じる。遠い過去(あるいは未来)まで明確に見渡し、長期にわたって首尾一貫した仮想時間は、比較的予測可能な合理的世界を出現させるはずである。これに対して、夢の中の経験は、たとえ仮想時間の流れを生じても、混沌としたショート・ストーリーを発生させるに過ぎない。

仮想時間のストーリーは途中で薄れたり途切れたりすることもあるだろうし、ＳＦ的な可能性としては、（Ｘの内容に続くものが、ＹでもＺでも構わないというように）ドラマが枝分かれすることもありうるだろう。逆に、ＸとＹの両方がＺにつながるような、ストーリーが合流するケースも出てくるかも知れない。眠ればドラマは途切れるが、起きた時に、意識が寝る前と意味上つながっていれば、同じ人生の連続だということになる。死ねば完全に途切れるが、別の意識現象において、死ぬ前と意味上つながった内容（たとえば、生前のことをよく覚えているというような）があれば、仮想時間としては連続していることになり、生まれ変わりとか復活ということになる。そういうことがありうるかどうかは疑問だが、仮想時間の流れといっても、あくまで「仮想」でしかないわけだから、長いドラマとして一本につながってもつながらなくても、結局は程度の問題である。「私」の連続性（自己同一性）もまた、そうした仮想時間の上に成り立つ以上、同様の、混沌とした、捉えどころのないものであって何ら不思議はない。

ただ、日常の自覚の中では、われわれは「私の人生」という仮想のドラマに閉じ込められていると感じる。「私の人生」という仮想の檻が断絶するのは死（臨終）の時だけだと思われており、そのことが、輪廻転生を、死の時にのみ起きると「錯覚」させる原因である。

以上の考察を次のようにまとめておこう。

9　複数の意識現象において、記憶を含んだ整合的な内容が存在するならば、仮想時間と呼ぶべき一つながりの事象をわれわれは体験することになる。（命題9）

10　整合的な記憶を含んだ意識現象が存在すれば仮想時間は体験されるし、存在しなければ仮想時間は体験されない。今ここの瞬間において、仮想時間が体験されているかどうかを判別することはできない。（命題10）

## 六　展開（3）――永遠と無常の考察

### 永劫回帰

今ここの私の意識現象以外は不可知であり、「完全な意味での独我論」の可能性を排除することはできない（命題4）。そこで、全世界が、今ここの現象「A」一つだけだと仮に想定する。その場合でも、世界は次の条件を満たしていなければならない。

1　一つの現象は、現に今ここに現れたものでなければならない。（命題5）

2　一つの現象は単一の瞬間からなり、「変化」も「持続」もその中には含まれない。（命題2）

3　一つの現象の「今ここでの現れ」は一度きり（一回生起的）である。

4　何かがある。何もないということはない。

3の「一回生起的」というのは、今ここの現象が、あくまでも「この一つ」であることを表している。全く同じ内容の現象が別の所で生じても構わないが、「今ここ」での現れそのものは、あくまでも「この一つ」である(16)（複数の「現れ」が重なり合うこともない）。

一方、4は、虚無というものを否定する趣旨である。意識現象も物理現象もなく、時間も空間も何もない完全な虚無というのは、そういう状態がそもそも「無い」というのと同じことである。眠った瞬間の後に「無」があって、その後で目が覚めたとすれば、その人にとっては、眠った瞬間の次が起きた瞬間であろう。もちろん、「ゼロ」とか「空集合」といった無を指示する記号はあるが、記号はあくまでも記号でしかない。「虚無に帰する」というと、人々は往々にして「虚無に帰した状態で生きている」ように想像しがちだが、虚無は状態ではなく、虚無に帰した状態で生きるわけでもない。つまり、虚無とは経験することもイメージすることもできない、不可解なものなのである(17)。「一」でも述べたように、われわれが世界を理解するには、世界をモデル化することが必要だ。だが、虚無のような明らかに不可解な概念を含むモデルは却下せざるをえない。許容しうるモデルは、「現象世界が決して終わることのない」ようなモデル（世界観）であり、4はそのことを述べているのである。

（個人が死んで「無に帰する」というのも同様に不可解である。多くの人は、他人や自然界が後に残るなら、自分だけが死んで虚無に帰しても不思議はないと思うようだ。しかしそれは、暗黙のうちに輪廻転生を導入し、想像の中で、他人や物理的存在者に乗り移っているのであって、自分自身が虚無に帰することの不可解さを真剣に受けとめていないのである。）

結局、1〜3に従えば、現象Aは、現に現れるけれども、変化も持続も含まない一瞬の現象であり、しかも「今ここでの現れ」としては一度限りのものである。つまり、Aは、文字通りあっという間の、きわめて限られた現れ方をしているということである。しかし4は、世界が無限であり、現象はどんな場合でも尽きることなく、常に必ず生じていなければならないことを示している[18]。

両者をともに満足させる理解可能な世界解釈は一つしか考えられない。すなわち、「現象Aは、Aという同じ内容で、無限に反復して生起している」ということである。つまり、独我論といっても、それは、現象の「種類」が単一であるに過ぎず、同一内容の現象生起は無数でなければならないのである。その結果、個々のAは一回生起的に生滅しても、無限に生じるAは尽きることがなくなることもない[19]。

もちろん、「今ここ」は、無限に生起するAAAAAA……の中の一つである。しかし、すべてのAは区別不能な同一内容である上に、現象どうしは一定の相互関係を持たない。従って、AAAAA……の中のどのAかを特定することは不可能である。ただし、「一つのAが生起しており、残りのAは生起していない」という意味での排他的相互依存関係（縁起）は、この場合でも成り立っている。

## 重々無尽

それでは次に、独我論という仮定を解除することにしよう。仮に世界がAとBの二種類の現象から成り立っているとしよう。すなわち、前節で考えたような、無限に続くAAAAA……を前提にして、その途中にBを含めてゆくわけである。最初にBを一つ（あるいは有限個）まぜるとしよう。そうすると、Bの生起は、「今ここでの現れ」としては一回きりであり、かつ、それらが有限個しか存在しないわけだから、「すべてのBが生じ終わる」という事態を認めなければならなくなる。

すべてのBが生じ終わった後の状況を考えると、そこにはただAだけが残っており、「それ以前にはBがあるが、それ以後にはBがない」という状態になっているはずである。しかしこれは、「以前」と「以後」とを区別して、「今ここのA」とBとの間に一定の先後関係を認めることになり、現象相互間には特定の関係がないという命題8に反する。それゆえ、現象Bの生起が有限回であるという前提は廃棄せざるをえない。

いいかえれば、次の四つの命題をすべて同時に充足させることは不可能なのである。

1　世界は無限であり、現象の生起は無限回である。

2　現象相互間にはいかなる関係もない。

3　個々の現象生起は一回生起的である。

4　現象Bに限って、その生起は有限回である。

1〜3を否定することは困難だが、4は仮定でしかない。従って、4が否定され、この結果、現象Bは無限に生起（存在）することになる。現象の種類をC、D、Eと増やしていっても事情は同じであり、種類が無限でも同じことである。結局、この世界における現象の内容（種類）は有限かも知れないし無限かも知れないが、その生起（存在）に関しては、どれもが必ず無限でなければならない。

このことは、「四」で述べた「死の超克」という死生観（死の非在論）を、より一層徹底させる意味を持つ。なぜなら、単に輪廻転生が起きるというだけでなく、それが決して尽きないことを明らかにしているからである。

説明を単純化するために、もう一度「世界はAとBの二種類だけからなっている」と仮定しよう。そうすると、この世界においては「無限のAと無限のBとが互いにいかなる関係もなく、ただ排他的相互依存関係のみに従って生起している」ということになる。それはいいかえれば、「個々の現象生起は一回生起的なものではあるが、AもBもともに無限に生起するため、それらが尽きることはない。また、今ここのA（またはB）が、どのA（またはB）なのかは一切区別できない」ということである。

しかしこのままでは、われわれはそれを具体的にイメージすることができない。そこで、本来は先後、左右等のいかなる関係もないが、便宜上、時間的先後関係があるかのように表現してみることにする。そうすると、「Aが生じている時、それ〈以前〉にも、それ〈以後〉にも無数のAとBとがある」ということになる。

しかしこれでもまだ、具体的なイメージには程遠い。そこでこれをさらに変形し、一本の時間軸上を、現象が順を追って継起するかのように並べてみよう。

↓A　↓B　↓A　↓B　↓A　↓B　↓

本当は、今ここのA（またはB）がどのA（またはB）なのか区別できず、どれがどういう順序で生起しているのかも確定はできない。しかし、便宜上「ABABAB」という順序で現象生起しているようにイメージするわけである。これにより、世界の真相の一面を、近似的な形で思い浮かべることができる。

たとえば、個々のAは一回生起的であり、たえず他と交代する「無常」の現象でありながら、一方では、同一内容で無限に反復される「永遠」の存在でもある。また、同じAの間にBがはさまれるために、AはBをのみこみ、BもAをのみこみ、互いにさまたげることなく、しかも互いに含み合う現象のつらなりとして世界は展開する。現象世界を「空」、あるいは「夢幻」、あるいは「無自性」と称するのは、まさにこうした事態を指しているわけである。

無常と永遠とが矛盾なく両立するということこそ、インド仏教の最も深遠な世界観であり、従来、合理的に説明されてこなかった「存在の神秘」なのかも知れない。ナーガールジュナの著作でも、そうした世界観は、さまざまな言葉で主張されている。たとえば、前章で見たように、MK・第一五章は次のように論じる。

〈その本性上存在するものは、無いのではない〉というのは常住を執する偏見である。〈以前に

は存在したが、今は無し〉というのは断滅を執する偏見となるであろう。（第一一詩）

すなわち、永遠であること（常住）と、ある時点で滅する無常のものであること（断滅）とは、両立していなければならないのだ。また、MKの「帰敬序」に見える「八不の偈」も、同様に考えれば、理解可能である。すなわち、

「個々の現象は現れなくても（不生）、滅してしまうことはない（不滅）。永遠ではないが（不常）、無くなることもない（不断）。さまざまに現れるが（不一）、同じものであり続ける（不異）。どこから来るのでもなく（不来）、去って無くなることもない（不去）。」

以上で、流れる時間に対する批判的考察を終了する。これにより、日々経験される現象世界の真相が「空」であり「夢幻」であることも、同時に明らかにされたのではなかろうか。最終段階の要旨は、次のようにまとめることができよう。

11　今ここの現象生起は、必ず一回生起的である。（命題11）

12　何かがある。何もないということはない。（命題12）

13　世界が一種類の現象だけであっても、それは無限回生起する。従って、個々の現象生起が一回生起的であるにもかかわらず、尽きることはない。今ここの現象生起がそのうちのどれであるかは特定できない。（命題13）

14　いかなる種類の現象も、各々無限回生起する。もとより、すべての現象生起の間にはどのような相互関係も存在せず、ただ排他的相互依存関係のみに従って、刻々に生起する。（命題14）

## 七　おわりに――論理の妥当性の問題

ここまでの考察で、現実の世界が永遠の無常であり「空」であることを論証してきたが、こうした思索がどの程度妥当なものなのかが、次の論点となる。なぜなら、世界が空であるならば、それを考えている自分自身の意識もまた一瞬ごとの不連続なものであり、論理というものも幻に過ぎなくなるからである。

この問題は、「今までの議論の中で私が考え違いをしている可能性がある」ということとは、一応区別したい。どんな場合も誤る可能性はあるし、科学にせよ哲学にせよ、すべての認識は原則として仮説に過ぎないといわれるように、それは、「空」を論じる場合の特殊事情ではないからだ。本節で取り上げたいテーマは、そうした個々人の知力の限界ではなく、考え違いや情報不足のようなことが全くなかった場合でも、なおかつ存在する「論理の無根拠性」の問題なのである。従って、この点を明確にするために、理性的な意識の存在を前提にする場合には、私自身の個人的なミスや限界が、前節までの議論において「なかった」ものと仮定して考察を進めることにしたい（無謬仮定）。

(1)（論証段階）理性的な意識（言語）の流れを「論理A」と呼ぶことにしよう。この流れの上に立って、無謬仮定により「世界が空」であることが論証される。

(2)（自己言及段階）世界が空であれば、それを考えている一連の意識現象（すなわち論理A）もまた空である。かくして、認識すること自体も含めた一切が空であることが判明する。

(3)（懐疑段階）しかし、意識現象が空であるということは、論理A自体が無根拠な幻想に過ぎないことを意味している。論理Aは、単なる仮想時間の流れに浮かぶ虚像であり、場合によっては、命題10で述べたように、仮想時間の流れさえも実在せず、すべてが今ここの一瞬の幻想かも知れないからである。現実がどちらであるかを、反省して確認する方法はない。そして、土台となっている論理Aが虚像であれば、「世界が空である」という命題自体も、無根拠なものになってしまうだろう。

しかし、この疑問は、それ自体はナンセンスな疑問である。一切が空であるから論理Aも虚像であるという以上、論理Aが虚像だからといって、「一切が空である」という最初の前提を疑うことは許されない[20]。従って、本節冒頭の問題提起に対しては、ここで回答を打ち切ることも許されるはずである。

しかし、さらに懐疑のレベルを深めてみることも可能だ。なぜならば、「論理A」が全く幻想である場合、その原因が空以外の何ものかである可能性も、一応否定できないからである。そこで、この世界の可能性を、次のように四通りに分類してみる。

1　「論理A」は虚像ではなく、厳然として実在する。かつ、世界は空である。

2　「論理A」は虚像ではなく、厳然として実在する。かつ、世界は空ではない。

3　「論理A」は虚像であり、それを含む世界全体は空である。

4　「論理A」は虚像であり、それを含む世界全体は空ではない。

1、2の場合、論証する意識の流れ（論理A）は確実に整合的なものであり、無謬仮定が適用されて、必然的に「世界は空である」という結論に到達する。従って、2はありえない。しかし、1だとすれば、世界全体が空である中で、論理Aという意識の流れだけが例外であることになり、これもやはり否定されなければならないだろう。

3は全く問題がない。4は、「世界が空である」という論理自体が幻想であり、そうした意識（論理）を含む世界全体が、空以外の何らかの未知の構造を持つことを意味している。「強い懐疑主義」が排除しきれないように、この可能性は捨てきれない。しかしそれがどういう構造なのかを知ることはできず、あくまでも一つの可能性にとどまる。

逆に、世界が空であることは、（無謬仮定のもとでは）決して積極的に否定されない。そして、この世界が事実として空であれば、その場合は、たとえ論証が幻想に過ぎなくても、論証の結果と真理とは（偶然であれ）一致する。そういう「可能性」があること自体が、ここでは重要なのである。「私のいうことはうそである」という言明は真にも偽にもなることができないが、「私も含めたこの世界は空である」という命題は、真になりうるものなのだ。われわれの思索が正当化されるとすれば、その根拠は、およそこうした点にある。

さらにいえば、空を論証する「論理」自体は、非連続的な虚妄の意識である。しかし、「仮想時間」の流れとして整合的に連続している「可能性」はあり、われわれは、現に思惟し続ける以上、それを信じるしかないだろう。論理が整合的だからといって内容が正しいとは限らないが、もしも論理の流れというものが、仮想であるにせよ存在するならば、冒頭で述べた無謬仮定がそこに適用され、論証の妥当性を支えることになる。(21)（もっとも、無謬仮定も仮定に過ぎない以上、われわれは、どこまでも絶えず反省し続けなければならない。）

**【補注】**

（1）　こうした捉え方は、いわゆる現象一元論だが、〃それ（現象）を見る〃主体を想定せず、「主観・客観図式」を完全に排除する点で、西田幾多郎のいう「純粋経験」や、D・チャーマーズのいう「汎〃質〃主義」に似ているともいえる（［西田］巻一の九頁、四一頁、［デイントン］二一四頁）。

第一部で論じたように、〃現象を見る〃主体とは、西田哲学における汎神論的絶対者と同じであり、そこには「矛盾の論理」が前提されている。それゆえ、矛盾を許容しない本章の立場では、〃現象を見る〃主体が実在視されることはない。それはまた、インド哲学における「アートマン」の否定であり、ナーガールジュナも、MK・第一八章第一詩、第二詩においてそれを証明している（前章「四」参照）。

（2）　時間の非連続性に関しては、ダルマキールティの「刹那滅」論証などが有名である（［谷貞志ab］［井筒c］）。ナーガールジュナのMK・第二章第一詩もそのように解釈可能であり、また、『ヴァイダルヤ・プラカラナ（広破論）』第三五節と第六一節以下、『シューニャター・サプタティ（空七十論）』第八節から第一四節、『ラトナーヴァリー（宝行王正論）』第一章第六三節から第七二節も同様の主張である。ただし、ナーガールジュナ作といわれる論書がMKの著者の真作か否かは断定できない。一方、現代の物理学（相対論）では「同時」が一義的に決まらないため、物理学的に考えられた宇宙全体が刹那に（同時に）滅することはありえない。本文でいう刹那滅は、あくまで個々の（意識）現象に関してである。

（3）　いわゆる「心脳同一説」が文字通りに正しいとすれば、「われわれは脳という物理的存在者として生きている」ともいえる。ただし、その場合でも、個々のニューロンや分子、意識のない時の脳は、不可知の〝物そのもの〟である。心脳同一説のような現代の唯物論に対する批判は、［佐藤］の第一部第三章第二節でも論じられている。

（4）　「存在者」をこのように規定することは、本章における「存在者」の定義といってよい。また、数のような抽象概念はここでいう存在者には必ずしも含めない。そうした抽象概念は、現象の形や性質を意識の中で対象化したものであり、強いてそれらを「ある」というならば、それらは、われわれの意識現象の内容として「ある」ことになる。

（5）　唯心論を許容するとしても、それは、「（私の）心が世界を作っている」といった意味ではない。心は、そのように「主体」として実体化すべきものではなく（補注（1））、また、すぐ後の本文で論じるように、世界とその形態は何者かが〝作っている〟ものではないからだ（また、物理的存在者が実在しないという「唯心論」ではなく、物理的存在者と意識現象との同質性のことを「広義の唯心論」と呼ぶことも可能だ）。

　MKには、唯識派仏教が強調したような唯心論の主張はない。しかし、ナーガールジュナ作とされる『ユクティシャスティカー（六十頌如理論）』第三四詩や、『マハーヤーナ・ヴィンシカー（大乗二十頌論）』第一八詩、

『ラトナーヴァリー』第二章第一三節には存在する。世界が「空」であることの数ある証明の一つとして、唯心論も許容されていたのかも知れない。また、現代の物理学者による唯心論としては［中込］がある。

(6)　前章でも触れたように、MK・第一章は古来「不生不滅」の証明と考えられてきたが、この意味での「因果関係批判」と考えた方がよい。MK・第二〇章の「因果関係批判」も同様。

(7)　ここでいう「私」とは、「今ここに現れる現象」のことを、第三者的視点で指示したものである。「これがまさに〈私〉なのだということを自覚している私」は、その中のごく限られたサンプルに過ぎない。

(8)　運命論は、「意志的行為をなすのは無意味であり、何もすべきではない」という人生観や、「どういう行為をしても結果は同じだ」という世界観（いわゆる、オズモ物語）としてイメージされる場合が多い。しかしそれらは、ここでいう運命論とは全く異なる。意志的行為が仮に世界を方向づけるにしても、そうする気になるかどうかが一瞬の決断であり、運命なのである（その決断が、脳の物理化学的なメカニズムによって予測可能かどうかは問題ではない）。

(9)　運命論については［青山b］［伊佐敷］［入不二c］［入不二・森岡］［コニー］、［左金b］の第五章参照。必然と偶然の同一性については［須藤］一四六頁、［中島b］第三章参照。
　ちなみに、運命論を拒否することと現代の物理学的世界観は必ずしも整合しない。前者は、過去と現在は確定しているが未来は確定していないという意味で、現在と未来の絶対的な区別を要請するが、それは相対性理論と矛盾するからである。また、J・ホイーラーによるファインマン・ダイヤグラムの形而上学的解釈によれば、粒子が過去から未来に進むことと、その反粒子が未来から過去に進むこととは区別できない。これは時間超越的な世界観であり、それゆえ運命論といえる。

(10)　こうした意識現象の捉え方は、ライプニッツのいう「窓のないモナド」と同じである。ただし、ライプニッツのいうような永遠に続く独房ではなく、「二一」で論じたように、一瞬ごとに滅する刹那滅（クシャナ・バンガ）

的モナドである。

　本章では、諸現象の総体を「世界」と呼んでいるが、完全に自己完結した個々の瞬間の意識現象こそ、一つの「世界」と呼ぶべきかも知れない。もちろん、今ここの意識現象以外にも意識現象は存在しうる。しかし、この後で論じるように、現象相互間にはいかなる「間」も「関係」もない。「個々の意識現象が世界であって、世界の中に複数の意識現象があるわけではない」ということは、まさにそのことを指しているのである。
(11)　こうした思考実験は、[永井]のIや[スマリヤン]の第一二章などにも見えるが、本章の立場は、そこに単なる思考実験以上のリアリティーを認める点で異なる。また、永井やスマリヤンの場合は、〝入れ代わり〟は、臨終の時か、ある特定の瞬間にのみ起きると想定されており、スマリヤンのいう〝入れ代わり〟の主体となる「永続する自己」(アートマン)も認めている。しかし本章では、後述するように、すべての「瞬間」の後に常に〝入れ代わり〟が起きると考え、永続する主体というものも想定しない。また、〝入れ代わり〟は考えないが類似の議論は[森田]第七章にもあり、その一部は、S・ホーキングがかつて主張し、その後撤回した説と重なる。
(12)　現代の時間非在論としては、[マクタガート]が有名である。マクタガートへの批判としては、[プリースト]の8、[伊佐敷]の第一〇章、[青山a][雨宮][中山]などがある。本章の議論は、マクタガートのいう順序関係としてのC系列を否定しており、その点で、A系列批判に主眼を置くマクタガート自身の時間非在論よりも徹底したものである。
　一方、[大森c]は、想起としての時間が言語による制作物であることを主張し、間接的に、現象相互間の無関係性を示して、それが「恐ろしい奈落」であると論じた。[斎藤b]の第六章三・四も、時間の実体視を批判する。また、過去・現在・未来の間の没関係的「断絶」や、各時点の「一回性」は、[入不二ab]でも指摘されている。一三世紀の禅僧・道元も現象間の無関係性を「前後際断」と呼び、時間が渦巻き逆流する事態を「経歴」と名づけた([玉城a][寺田])。物理学的視点からは、[森田]の第八章や[ロヴェッリ]の他、補注(9)

で触れたファインマンとホイーラーの形而上学的時間論がある。F・ホイルらは、収縮する宇宙では時間が逆向きに流れると主張し、J・バーバーは、すべての「現在」が永久に並存していると考えた。

(13) 意識現象どうしの意味連関が「仮想時間」を発生させる。そうした世界の構造が「縁起」なのかも知れない。世界が「空」(現象間無関係)だからこそ、現象世界の流れる時間は、縁起によってのみ起動する。それは、モノがモノを生み出すという因果関係ではなく、因果関係が虚構であることとも矛盾しない(むしろ、因果関係の非在は、「空」の前提条件である)。本章では、縁起を矛盾的相互依存関係(存在論的アポーハ)として解釈するが、こうした縁起の可能性も留保しておきたい。

(14) 「想起」という形の過去が、言葉を介さずに成り立つかどうかは説が分かれる。しかし、過去意識がどれほどリアルかを厳密に考えることは無意味である。時間そのものが実在しない以上、それはあくまでもイメージであり、イメージのリアルさは程度の問題だからだ。

(15) 〈今ここの意識現象〉の中に他者Xが現れ、一方、〈Xの位置から「私」を見る意識現象〉が別に存在するとしよう。そこには、「私」と他者Xからなる「仮想空間」が生起しているといえる。しかし、今ここに見えるのは他者Xの外面に過ぎず、内面は派生的に想像されるだけである。そのため、記憶という形で内面的に結合する「仮想時間」と比べて、「仮想空間」のリアリティは乏しい。実際、他者Xを見ることには対人感情が伴うが、それにもかかわらず、「私」がXの内面を具体的に思い浮べることは稀である。また、「Xの内面を私が直接経験することはありえない」という暗黙の了解が、そこに常につきまとっている。

(16) 従って、「私とは、まさにこの私だ」という〝比類のない自己〟が主張される時、そこでいわれている「この私」に最もふさわしいものは、「今ここの一瞬の現象」なのである。しかし、「この私」を、仮想時間上の「持続する私」と考え、かつ、それに執着することによって、人々は、臨終の後にもはや何ものもない虚無を妄想したり、「持続する私」を臨終の後にまで無限に延長したりする(来世や生まれ変わりなど)。

（17）虚無に対する同様の批判は、H・ベルクソン『創造的進化』の第四章にもある。

（18）1〜4は、時間が一方向的に流れているという直観を持ったわれわれの意識の中では、次のように変形される。すなわち、「今ここの経験（現象）は一瞬で滅するが、虚無がありえない以上、滅した《後》にも何かが生じていなければならない。そのことは、あらゆる経験に関して、同様に成り立つ」と。もちろん、命題8によれば、今ここ以外の現象は、それが生じた時には、「今ここ」に対して《前》でも《後》でもありえない。

（19）この場合の「無限」が、無限集合論のどの濃度かは定義不能である。一方、ニーチェの永劫回帰論は、(a)時間が無限に流れ、(b)空間（宇宙における物質のあり方）が有限であり、(c)一つの原因からは必ず同じ結果が生じる力学的決定論を前提とする。そこから、宇宙のあらゆる状態が将来必ず同じ形で再現され、それ以後の歴史も、それまでの歴史の繰り返しになることが導かれる。この場合、歴史の始点はどの時点にとってもよく、同じ過程を反復しつつ時間は一方向に永遠に流れてゆく（エントロピーの増大法則が決定的な阻害要因になるとはいえないが、現代の物理学では(b)と(c)は疑わしく、(a)も過去に関しては疑わしい）。これに対し、［九鬼］の回帰的時間論では、宇宙の歴史は一定の始点と終点で区切られ、一つの歴史は他の歴史と明確に断絶している（相互に順序関係もない）。こうしたヴィジョンは、一つの歴史の終わりをある種の特異点と見なすものであり、同様の特異点を、（宇宙の歴史ではなく）個々の瞬間の間に認めれば、本章の立場と一致する。また、［ペンローズ］は、膨張宇宙末期の輻射だけの世界をこうした特異点と考え、膨張しきった宇宙の終末がそのまま次の宇宙のビッグバンだと主張した。一方、無限に広がる宇宙を考えれば、すべての事象は空間の中で反復して存在するともいえる（空間的無限回帰説、［松原］第八章）。

九鬼周造は、「今ここ」の現象が、無限に反復される同一内容の「今ここ」と重なり、それゆえ、「今」が同時に「永遠の現在」だと考えた。それはニーチェの議論にも窺え、「今」と「永遠」の背後に「絶対無」を想定する解釈にもつながる（［中島b］第八章）。しかしそれは、「今ここ」をあくまでも一回生起的な現象と考える本章の立場とは異なる。

(20)「世界が〈空〉である以上、それを主張する言説も〈空〉であって不確実ではないかと反論する者は、〈世界が空である〉という言説をすでに認めたことになる」という指摘が、ナーガールジュナの『ヴァイダルヤ・プラカラナ』第一二～一四節に見える。

(21) ナーガールジュナも、苦しみに満ちたわれわれの「生」は、瞬間ごとに分断されており、それゆえ、連続した流れとしては実在しないと考えた。「煩悩即涅槃」「ブッダは何一つ教えを説いていない」「悟りの過程である十二支縁起は実在しない」という主張は、こうした意味で理解しなければならない（ＭＫ・第二五章の第一九詩、第二〇詩、第二四詩。『ヴァイダルヤ・プラカラナ』第六一節以下。『シューニャター・サプタティ』第八節から第一四節）。しかし、教えも修行も悟りも仮想時間の流れとしては現象するはずであり、そうした〝幻〟によって、世界という幻が解明される。それゆえ、ＭＫ・第二六章では、十二支縁起もまた肯定的に紹介されている。

# 第一〇章　仮想世界の起ち上がり
## 〈日常〉と〈科学〉の現象学

### 一　はじめに

#### 世界の解体から世界の復元へ

すべての現象（瞬間）が無常でありながら、しかも永遠に反復されるという「空」の世界観は、われわれの「日常的世界」を解体することによって得られたものである。「現象相互間の無関係」という知見も、世界の何らかの構造を積極的に提示するよりは、むしろ否定の形で認識することによって、現実世界の真相に間接的に踏み込もうとするアプローチである。

本章では、そうした解体作業を逆転し、日常的世界そのものの「形成」の事情を考察する。われわれの日常が、さまざまな「仮定」を導入することによって起ち上がり、さらに科学的世界観にまで発展することを確認し、それによって、われわれが日々体験していると思い込んでいる「仮の世界」の真相を浮かび上がらせることが、本章の課題である。

## 二　最初の諸仮定

### 前提としての「空」

世界の真相は「空」であるということが議論の出発点となるが、まず、そうした出発点の段階から、われわれは仮定の上に立たざるをえないことが分かる。「世界が空である」というその認識自体、前章の「おわりに」で述べたように、際限のない懐疑の対象になりうるからである。そして、この世界が本当に空なのだと「仮定」した時（仮定①）、今ここでの議論自体も、非連続な意識現象の断片に過ぎないということになろう。

### 形式論理の仮定性

疑う余地のない確実なものであると通常は考えられている形式論理も、一定の時間をかけて言葉によって思惟されたものである。それゆえ、「空」の世界では、推論の途中の一瞬一瞬が互いに「無関係（非連続）」であることによる文（論理）全体の虚構性を免れてはいない。極端な場合、今ここの一瞬の「内容」しか、本当は実在しないかも知れないわけである。

もっとも、一瞬一瞬が原理的に無関係であっても、互いの意味内容が整合していれば、仮想時間の流れとしては正しい推論が成立している可能性はある。しかし、命題10で論じたように、本当にそうなっているかどうかを今ここで反省して確認することはできない。それゆえ、形式論理的「真理」も――実在する可能性はあるが――われわれにとってはあくまで不可知であり、われわれはただ、仮想時間の中に浮かび上がったかのように見える推論を、正しいものと信じておくしかないのである。

## 認識主体を定立するための諸仮定

いずれにしても、首尾一貫した議論（論理）が現実に成り立つためには、意識現象による仮想時間の流れが実在していることが第一の前提である。それゆえ、論者である「私」自身の意識において、こうした仮想時間の流れが実際に成立している（つまり、「今ここの意識の内容以外は何も実在しない」という独我論的状況ではなく、かつ、意識の流れの中身自体も十分に整合的である）と「仮定」し（仮定②）、さらに、意識の内容にも錯誤がないことを「仮定」した上で（仮定③）、今後の考察にとりかからなければならない（この場合の仮定③が前章における無謬仮定であり、また、形式論理の場合には、「仮定②があれば仮定③も当然含意されている」と通常は想定される）。「世界が空である」という冒頭の認識自体（仮定①）、こうした論理の中から一つの可能性として浮かび上がるものである。

ただし、「世界が空である」という仮定①は、仮定②③（無謬仮定）のもとでは、疑うことはできても他の世界観に置きかえることのできない強い必然性を持つ。しかし、後述する仮定④以下は、（日常的には確信されているものの）それを否定して別のものに置きかえることもできる弱い仮定に過ぎない。

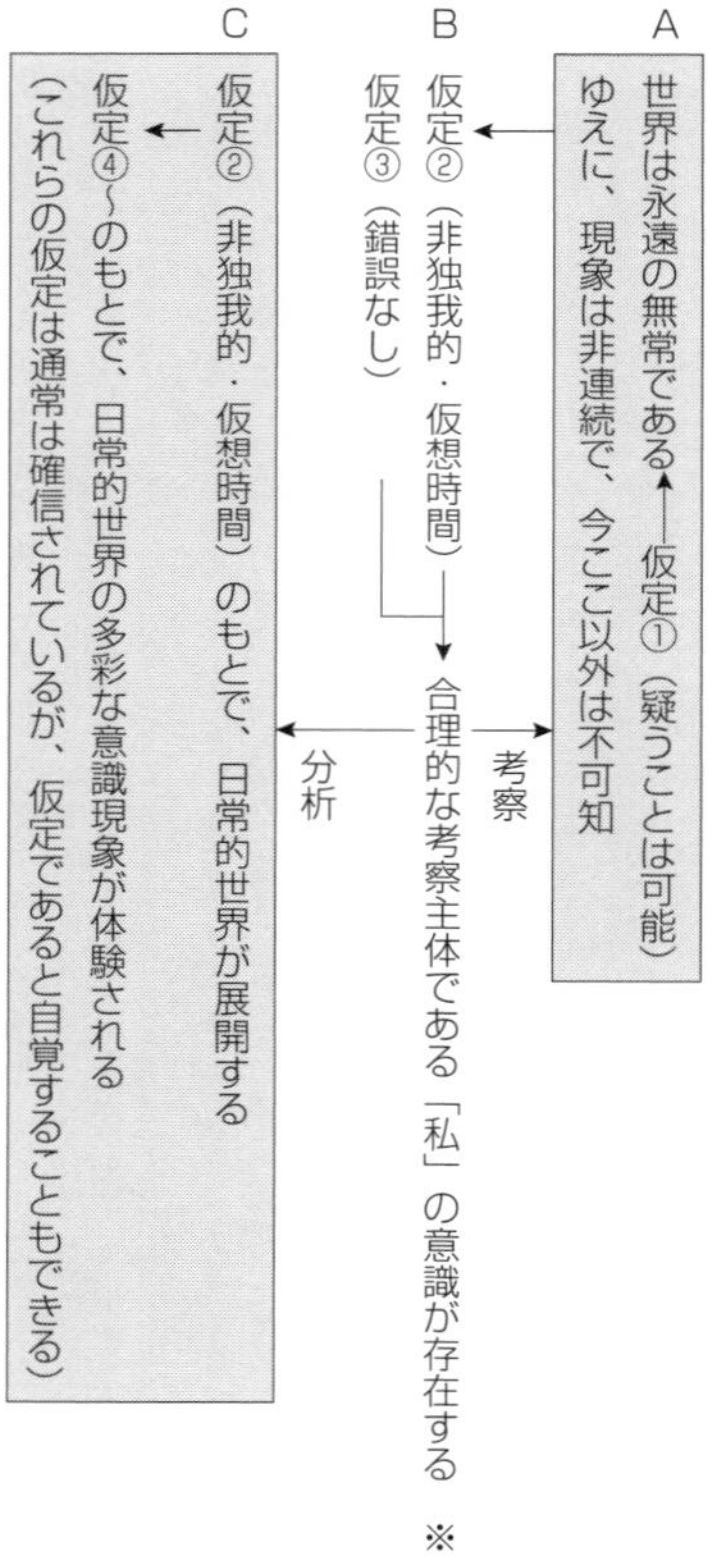


図4

※　B自体を含むこの図の全体は、メタレベルの考察主体（仮定②③）の思考の内容でもある。

もっとも、こうした議論そのものも、同様に、「仮定」された論理の流れであって、いわば「メタレベルの仮定②③」に立脚する思惟の内容に他ならない。

## 三　日常的世界の生成

### 認識対象としての日常的世界

以上のように、認識主体である「私」自身の意識を仮定した上で、認識対象である日常的世界の分析にとりかかることにしよう。

日常的世界は、われわれの意識の中を去来する意識現象の集合だが、そこには（ほとんどの場合、無意識のうちに）さまざまな仮定が埋め込まれ、意味づけが与えられている。たとえば、日常的世界は、途切れることなく持続的に展開してゆくものとしてイメージされている。実際、「私」自身の意識が仮想時間の流れを形成しているとすれば、日常的世界も同様に、仮想時間の流れの中を生々発展していると仮定してさしつかえない（仮定②）。そしてその内容は、さらに、次のように分析することができる。

## 日常的世界の中の「現在」

前章の「二」で論理的に考察したように、（意識）現象とは、その一部でも変化すれば現象全体が入れ替わったことになり、一つの現象は文字通り一瞬で滅するものである。しかし、仮想時間の流れが起ち上がる結果、そうした真の瞬間（現在）とは異なる「意味的に反省された現在」が成立する。それは、「私は、今、原稿を書き続けている」「今は一月二日の午後だ」というような幅のある「現在」が、主に言葉を介して構想されることである。仮想時間の成立とは、そうした「粗視化された現在」の成立に他ならない。

## 日常的世界の中の「空間」

経験される具体的諸現象の中でも、視覚や触覚のイメージは通常「空間」という枠組みを伴って現れる。その「空間」とは、次のような内容の認識から構成されていると考えられる。

1　山が「遠くに見える」とか、手を「前方に伸ばす」というような、空間感覚。

2a　遠くの山は、近づけばもっと「近くに見える」であろうというような、想像された空間感覚。これは通常、1を体験すれば即座に連想されるものである。

2b　さらに、実際には体験できない場所も含めた任意の場所から、周囲にある世界全体を、今ここで体験している1と同じような空間感覚のもとで眺められると想定した場合の、その感覚。実際には、手前のものが邪魔になって世界全体は見渡せないであろうが、神のごとき透視力で、見透せるものと仮定する。

1は意識現象そのものであって、その内容は疑う余地がなく、いわば「実在する（実感された）空間」といってよいものである。一方、2a2bは1から類推した想像の産物に他ならない。そうした「想像された空間感覚」を、単なる想像ではなく、実在する現象と仮定し、しかも、それらの中で見えているものが「見え方は違っても同一の対象である」と解釈する時に（仮定④）、世界全体を満たす「空間」という仮想の存在は完成するわけである。（こうした解釈は、結局、前章の「四」で論理的に否定したはずの「現象間の関係」を再導入する行為に他ならない。本章で言及する「仮定」の多くは、現象としてなら現実にありうる仮定だが、④（や⑤）に関しては、現象としても解釈としてもありえない内容を含んでいるといえる。）

## 日常的世界の中の「時間」

また、意識現象の世界は「時間」という枠組みをも伴っている。その内容は、

1　今ここの意識の中で、「昨日」雨が降ったと想起する場合のような、先後感覚を伴った意識現象。この先後感覚が基礎となって、仮想時間の流れが成立可能になる。

2a　明日になれば「昨日は晴れていた」と感じるであろうというような、今現在以外の場所（時点）における、想像上の「先後感覚を伴った意識現象」。

2b　実際には体験できない場所（時点）も含めた任意の場所（時点）から、時空全体の任意の事象を、今ここで体験している1と同じような先後感覚のもとで認識できると想定した場合の、その意識現象。

この場合も、1は「実在する（実感された）感覚」であり、2a2bは1から類推された想像である。それらをすべて実在する現象と仮定し、しかも、「過去形や未来形での表象と、同じ対象に関する現在形での表象とは、そのまま同一物の別面である」と解釈する時に（仮定⑤）、「時間」という普遍的な枠組みが成立するわけである。

## 日常的世界の中の「法則と因果関係」

次に、法則と因果関係が現象に付随して生起する。まず、仮想時間の流れの中で、さまざまな事象に一定の秩序が認められ、また、複数の事象が継起する場合には、「あるタイプの事象（A）の後にあるタイプの事象（B）が生じ、それ以外の場合には後者は生じない」という反復的関係を確認することができる。こうした秩序を、将来も必ず繰り返される「法則」と仮定し、しかも、AとBとの継起を、「原因」と「結果」のカテゴリーで解釈することによって（仮定⑥）、「法則と因果関係の実在」が明確な形で起動するわけである。

ただし、「法則」自体は蓋然的（確率的）な法則でもよく、因果関係のカテゴリーが、（極端なケースではあるが）ほとんど反復性の認められない事象間に適用される場合もある。一つの出来事の「原因」は視点に応じてさまざまに考えられ、それらが、十分に検証された反復される法則性にもとづくかどうかはケース・バイ・ケースである。また、原因Aと結果Bは、もともとは「近接して継起する二つの事象」だが、そこから派生して、「条件Aのもとでの事象B」とか「実体Aから生じる作用B」のような複雑な形式に発展することもある。

こうした、空間、時間、因果関係という枠組みの中で、現象世界は一層具体的な相貌を呈するようになる。特に、こちらから見たモノもあちらから見たモノも同じモノであり、仮想時間の中で持続して存在しているのだという「同一物」感覚が明確になってくるはずである。

## 日常的世界の中の「他者」

次に、意識現象の中に映ずるある種の存在者に対して、そこに、今ここと同質の意識現象が宿っていると感じ、感情移入が可能になる時、他者というものが成立する（仮定⑦）。それは、「私から見た彼」と「彼から見た私」とが整合的な対応関係をなし、多くの場合、意味のあるコミュニケーション（や言葉による対話）が可能な存在者として現れるはずである。意識を持った他者が成立すれば、次に、それとの対比において、意識のない、外面的な触感とか色としてしか捉えようのない「物」が区別される。そして、物理的な肉体という「物」に付随しながら持続的に存在し続ける「他者」や「私」（個我）が明確になってくる。

ただし、「感情移入」という概念を、「自分自身の自己意識をまず確立しておいて、それを他者に転移する」かのように考える必要はない。実際の感情移入には、必ずしもそういう順序はなく、意図的な行為とも限らないからである。哲学的に重要なことは、結果として現れた「感情移入」という事実そのものである。従って、それは新生児の場合の自・他未分の意識にも、成人の場合の対象化された他者認識にも、どちらにでも当てはめることができる。しかし、それを、客観的世界の存在を当然のように前提している自然科学の文脈で理解することは避けなければならない。たとえば、「感情移入の能力は、生物進化の帰結である」とか「周囲の社会に規定されて発現するものである」といった説明は自然科学的理解の一例であり、哲学における感情移入説とは区別すべき議論である(1)。

「人」と「物」とが一旦区別されると、その中の「人」も、「物（肉体）」と「心」に分化する。こう

して、世界は、物・心二元論のもとで把握されるようになる。(2)

## 日常的世界の中の「自由」

自由というものも、「これは自由なのだ」という感覚の形で現れる一種の意識現象に他ならない（逆にいえば、一つの意識内容としては、「自由」は厳然として存在するといえる）。

しかし、自然科学的法則が現象世界を厳格に規定しているか否かにかかわりなく、個々の現象そのものは「現にこうなのだ」としかいいようのない運命的な存在者である。従ってそれは、完全な必然であり、完全な偶然でもあって、自由というものは最初から考える余地もない(3)（命題6）。しかしながら、意識現象としての「意志」が自覚され、それと内容的に対応する「行動」が意志に伴って発生し、その上で、複雑な行動の先にある「目的」も明確に自覚されて、その達成も十分可能に思われる場合には、そうした状況にある自己を「自由」と感じるのが通例であろう。（また、「意志」が自覚されていなくても、次のような場合には、潜在的に「意志」があったと見なしてよい。すなわち、自分自身のその瞬間の「行動」が認識され、かつ、それが他から物理的に強制されていたり、明らかに自己の意に反していたりするとは思えない場合。）

さらに、次のような状況の自覚は、自由という観念をより一層明確にする効果を持つ。

(1)意志の生起が、単純な因果法則によって予測されるものではないこと（たとえば、夜になれば眠くなるといった生理的衝動は自由意志としてはふさわしくない)。また、目的の内容も、現状から十分に差異のあるものであること。

(2) 意志が、その時々の「快・苦」にかかわりなく、ある程度持続的に生じていること。

(3) 目的に対する有効な手段が明確に認識され、それを実践することで現実に目的に近づきつつあること(目的と手段の分化)。

(4) 目的も手段も、実行可能な複数の選択肢から自覚的に選択されていること。(4)

**日常的世界の真意**

われわれの日常的世界の内容は、これ以外にもさまざまなものを含んでいるはずである。ただし、これまでの議論の「順序」は、あくまでも論理的なものであり、時間的なものではない(実際、仮想時間の流れの成立は仮定②に相当するが、記憶イメージをもとにして仮想時間が起ち上がる時に、仮定④以下の意識「内容」もすでに含まれていると考えられる)。それは、発達心理学的な意味での意識の成長過程とは全く無関係である。

また、「われわれの思惟が日常的世界における学習や経験によって形成されている」というような社会学的反省も、日常的世界(あるいは、後述する科学的世界観)をすでに前提にした議論であり、本項の立場とは異なる(そもそも日常的思惟の形成を因果的に説明することは、世界のあり方が運命的である以上〔命題6〕、この段階で必要とはいえない)。

いずれにしても、仮定②以下のすべての仮定が事実であると確信される時、日常的世界はこの上なくリアルなものとして立ち現れているということができる。(5)

## 四　科学的世界観への発展

### 日常的世界から科学的世界観へ

意識現象の中には、五感による感覚の他、空間感覚、記憶や想像、ことば(思惟)、意志、規範意識、快・苦を含む感情・気分、なかば無意識的な運動感覚など、常に多彩な内容(イメージ)が含まれている。それらの中には、意識現象として今ここにあるもののイメージもあり、今ここにはない現象を想像しただけのイメージもある。時空、因果、他者などは想像上の現象を確信をもって仮定し、場合によっては、さらに特殊な解釈を施すことで成立するイメージである(つまり、反省して見ればあくまでも「仮定」だが、日常、直観的には深く確信されており、一部の例外を除いて、現象としてならありえないものではない)。

それらのすべてが、仮想時間の流れの中で、絶えず生々変化する。そして、その生起は、内容上の規則的なパターンはあるにしても、体験者自身にとっては偶然の産物である。中には、われわれが自ら考えて主体的に生み出しているように思える意識現象もあるが、考えること自体も一つの意識現象であり、何を考え、何を思いつくかは、当事者自身にとってはやはり偶然である。

特に「外界」からの感覚などは、一方的に「与えられる」だけだと思うしかない現象である。そして、意識の中の「世界解釈」は、そのような外的所与との矛盾や、生活上の不都合（不快）をできるだけ解消する方向に絶えず修正されてゆく。こうした変動は、仮想時間上に展開する意識現象の推移であり、ここでは仮に「機能的選択」と名づけておこう。

機能的選択の結果、われわれの「世界観」（世界解釈）は、日常的世界の領域をはるかに超えて拡大する。その過程では、次の二つの要因が大きな促進力になっている。(6)

一つは、コミュニケーション可能な他者の存在（仮定⑦）を前提とし、多数の目で見ることで世界を拡大するという「共同主観的（間主観的）定立」である（多数決的真理観といってもよいだろう）。

二つ目は、法則と因果関係の存在（仮定⑥）を前提として、これをさらに拡張し、「より少数の、かつ、単純な法則の組み合わせによって、厳密に予測（あるいは説明）される世界ほど、より一層真実である」と仮定することである（仮定⑧）。夢と覚醒時では後者の方が現実的だといわれるのも、また、単なる相関関係と因果関係とが区別できるのも、こうした仮定の結果である。「この世には何かが起きる」といった命題は完璧な妥当性を持っているが、そのかわり、詳細な予測は期待できない。予測における妥当性と詳細さをともに追求するところから、具体的な内容を持った厳密な世界観が姿を現すことになる。(7)

日常的世界の延長上に形成されるこうした世界観のうちで、精緻な体系を備えて高度な科学技術の背景となり、もっぱら言葉（記号）で記述されるものを「科学的世界観」と呼ぶことにする。それは、客観的世界の実在を前提とする世界観という意味で、「自然科学的世界観」とか「自然主義的世界観」とも呼ばれる。その場合、「自然科学」といっても、いわゆる社会科学などを含んでいることはいうまでもない。

こうした科学的世界観は、狭義には西欧近代所産のものに限定される。(8)（それ自体一つの科学的世界観である）歴史学によれば、中世のキリスト教とギリシア哲学（自然学）との結合が数学的な合理性に従う厳格な世界観を生み出し、それが、ルネサンス時代にレンズ磨きのような手工業技術と融合して実証性を加味されたからである。

## 「不可知の実在界」と科学的世界観

最も確実な存在者とは、多彩な形象を伴った今ここの意識現象であり、その一瞬の内容も、ありのままの意識現象としては何一つ疑う余地のないものである。そして、これの「原因」となるものが、前章の「三」によれば「実在する世界の全体」である。それはまた、人知を超えた「不可知の実在界」といいかえることができる。その世界には、今ここの意識現象以外にもさまざまな現象が含まれていると考えられるが、今ここ以外のものが実在するかどうかは、実際には不可知だからである。

また、われわれは、仮定②のもとで、流れゆく「日常的世界」の実在を信じ、その展開を観察している（つもりになる）わけだが、そうした現象世界の内容も、さまざまな想像や、論理的には無理な仮定を含んだ虚構のイメージ（仮の世界）に他ならない。

ともあれ、そうした日常的世界を前提にして「科学的世界観」が成立し、本節ではそれを、意識現象の流れの中に実在する意識内容と考えておく。その上で、科学的世界観の内容が、さらに大きな「不可知の実在界」に対してどのような対応関係をなすのかを考察してみたい。

図５

科学的世界観とは、本来不可知である真実在の「全体」に貼りつけられた一種のイラストである。イラストの中の個々の絵柄が「不可知の実在界」の具体的な内容に一つ一つ一致しているわけではない（その意味で、これもまた「仮の世界」である）。ただし、「不可知の実在界」の一部が今ここの意識現象として生起する際の現れ方を、それを使って予測（あるいは説明）できるならば、その世界観全体を一応妥当だと解釈する。[9]

このことは、次のような四段階図式で整理することができる。

Ａ　「不可知の実在界」そのもの。全体としては不可知だが、これの断片がＢである。

Ｂ　刻々に現れる現象、すなわち「今ここの私の意識現象」。ただし、仮想時間の流れを前提しているので、「今ここの私の意識現象」といっても今の一瞬だけではなく、ある程度の時間幅を持って持続的に存在しているものを考える。その中に、以下のB1・B2が含まれる。

B1　科学的世界観（B2）によって予測または説明された「私の意識現象」。そこには、「これは私が予測した通りの経験である」という自覚が重ね合わされていなければならない。

B2　B1の現れ方を予測または説明する、私自身の科学的世界観。それは、互いに関連し合った命題の集合であり、その内容は、想定された事実と法則の総体である。(10) また、その中のいくつかの命題は、「〇〇すれば、リトマス紙が赤くなる」といった記述を含むことで、「予測された感覚や知覚の想像イメージ」にリンクする仕組みになっている。

予測通りのB1が生じれば、とりあえず、その世界観全体（B2）は、Aに対するモデル（模型）として妥当だと考えられる。ただし、日常的世界が、具体的に想像しうる意識現象の集合であるのに対し、科学的世界観は、「ビッグバンの1秒後の宇宙」とか「素粒子の世界」のような全く知覚不能な対象をも内容に含む場合が多い。

そして、科学的世界観は、経験を踏まえて段階的に精緻化され、完成した暁には、いわゆる物理的世界が外界に実在する場合と同じだけの情報量を持つ。ただし、B1を予測（説明）するB2（科学的世界観）が一つに確定する保証はなく、現在のものが最善だという保証もない。現在の科学的世界観も過去の世界観も——あるいは古代の神話や呪術も——厳密性に差はあるものの、「仮設」（モデル）に過ぎない点では皆同質のものである。

## 世界観の仮想性

それでは、科学的世界観として考えられた世界は、もしも現象として実在するならばどんな世界なのだろうか。この問いは直ちに二つの壁に突き当たる。

まず、科学的世界観の構成要素である「物理的存在者」は、純粋な思惟の産物である記号（概念）として表わされるか、または、意識がそれを外側から捉えた場合の「想像された意識現象」として表わされる。(11) しかし、思惟されただけの抽象概念が、私自身の意識を離れて本当に実在するのだろうか。確かに現象世界の内容には一定の秩序があるとしても、「関係」とか「法則」といった記号の本体がモノとしてどこかに実在するわけではない（いわゆる概念実在論は、あくまでも一つの特殊な立場であり、ここでは除外する）。

また、「物理的存在者」は、誰かが観察していると想像しなければ具体的にイメージできないが、そのような観察者が常に存在するのだろうか。「ビッグバンの1秒後の宇宙」はいうまでもなく、「水星の表面」といった物理的存在者にしても、水星を近くから見た場合の視覚映像として一般には考えられているが、水星を近くから見る者などどこにもいないとすれば、それは一体何なのだろうか。「三」で述べたように、空間や時間という枠組みも、こうした架空の観察者を想定して成り立つわけである。

結局、世界観というものは、単に多くの仮定に立脚しているというだけではなく、それを考えている「私」の意識から自立できない構造を持っている(物理学における「観測問題」は、これとは別問題である)。それゆえ、これを客観的な真実在そのものと見なす限り、われわれの抱く世界観は、どうしても矛盾に満ちた不可解なものにならざるをえない。

この世界が「空」であるという認識もまた、思惟されたモデルであり、予測された現象の総体である。ただしそれは、思惟された何らかの「関係」を設定するのではなく、むしろ否定するものであり、しかも、現象の具体的な内容を何ら予測するわけではないので、一つの世界観であるとはいっても、きわめて特殊なものだと考えられる。

## 世界観の自己言及的体系

科学的世界観は、厳密な法則的秩序を志向しつつ、より一層合理的・実証的な方向に洗練されてゆくはずである。あくまでもモデル(模型)であり「仮設」に過ぎないとしても、何らかの意味でそれに対応するような秩序が実在するということは驚くべきことかも知れない。そして、われわれは、そうした科学的世界観を前提にして、自己と世界を説明し、合理化することができる。(12)

たとえば、われわれ人間の思考のあり方や他者に対する理解力は、ヒトの生存のための自然選択の結果として進化論的に説明され、正当化される。「自己」が自己同一性を持って持続することを確信したり、やみくもに死を恐れたりすることも、進化論的に選択された心性であろう。また、他者に意識があることは、人間の肉体構造（特に中枢神経系）の類似性によって推定可能となる。

意識的にせよ無意識的にせよ、さまざまな「仮定」の上に立って日常的世界が成立し、それを前提にして科学的世界観が成立するが、最後に、それを使って最初の「仮定」の一部が正当化されるわけである。こうして、議論が一つの円環をなすことが明らかになる。

## 五　おわりに——三つの「世界」

「世界（観）」というものには、「日常的」「形而上学的」「科学的」の三つの種類があり、それらの間を往復する過程は、次のような四段階に区別することができる。

1　「日常的世界」を批判的に反省することで、「形而上学的世界」に到達する過程。

2　「形而上学的世界」を前提にして、「日常的世界」を起ち上げる過程。すなわち、われわれは、さまざまな仮定や思い込みからなる仮想現実としての「日常的世界」を信じつつ生きているが、実際に、どういう事柄を「信じて」いるのか。その内容を現象学的に——発達心理学的にではない——明らかにすることが、この段階である。日常的世界の時間・空間・因果法則・他我・自由意志等を理解するとは、まさにこの意味である。

3　「日常的世界」を前提にして、「科学的世界（観）」を起ち上げる過程。「科学的世界（観）」は、

「四」で論じたように言葉で語られた仮設の体系であり、経験を秩序づけ、予測可能にするための「説明の体系」（モデル）である。そうしたモデルが「日常的世界」からどのように構築されるのか、可能なさまざまなモデルをどのように取捨選択すべきなのか、それらを考えることが、この段階の哲学である。

4　「科学的世界観」を前提にして、「日常的世界」を解明する過程。発達心理学や、「科学的（自然主義的）世界観」の上に立った〝現象学〟は、この段階に含まれる。一方、科学は、われわれの知覚像がホモ・サピエンスの脳の中の現象であり、物理学的な「物そのもの」ではないことを暴露する。かくしてわれわれは、「日常的世界」を批判的に反省するようになり、4は1に移行する。

「日常的世界」は知の起点であり、その意味で根元的なものである。一方、「形而上学的世界」は別の意味で根元的であり、「私自身は死ねばどうなるのか」といった一人称の死の謎はこのレベルでしか考えることができない。「形而上学的世界」と「科学的世界観」は日常を〝超越〟しており、特に「科学的世界観」は、普遍的・無人称的であって、その点を批判する者は多い。しかし、「科学的世界観」から量子力学や相対性理論が生まれ、GPSや原子力などさまざまなテクノロジーが派生し、今日のわれわれの日常を決定的に規定している。それゆえ、日常だけに固執することは、現実の日常を無視するに等しい。ただし、「科学的世界観」もまた絶対的な描像ではなく、「形而上学的世界」によって相対化されなければならない。

結局、三つの世界は各々が固有の意義を持っているのであり、それらを自在に経めぐりまわることが、「世界を考える」ということである。前章の考察はこのうちの1に当たり、本章の考察はこのうちの2と3に相当する。一方、4は、通常の意味での科学そのものである。

【補注】

（1）フッサールは、現象学的還元において、外界の事物を「括弧に入れた」が、時間的な過去は括弧に入れなかった。そのため個我は持続的に存在しうることになり、それが、意味づけられた世界を起ち上げてゆく過程は、心理学的な事実過程の記述という側面を持つことになった。その意味で、フッサールの「総合」説を、「客観的世界の存在をあらかじめ前提にした自然科学的説明」の一種に含めることも可能である。

（2）日常的世界の特徴の一つは、物・心二元論がすでに成立しているものの、両者の一体不可分性が意識されやすい点である。われわれの経験が「身体」的だというのも、経験される世界が、「目で見られたものとして」「手でさわれるものとして」「自己が空間の一点にあるものとして」現れるということである。心臓や血液のようなもっぱら物理的存在者を指す「肉体」に対し、「身体」は必ず主観的に意味づけられており、場合によっては、一人称的に体験されている。意図的行為にしても、意図（主観）と、それに付随する身体的動作（客観）とから構成されるが、両者の不可分性が強調される結果、主客一体の「行為」者というカテゴリーが成立する。

（3）こうした運命論を受け入れることは、政治的な意味での「自由主義」とは矛盾しない。少数の権力者ではなく人々の意志が各自の行動を決め、結果的に社会のあり方を決めることが「自由主義」である。その場合、個々人の意志が運命的であっても、脳によって決定されていても、それは、自由主義の定義とは無関係だからである。

（4）自由の本質としては、「行為者性」「制約からの自由」「他行為可能性（他でもありえたこと）」の三つが挙げられることが多い。また、自分や他者に「自由」を感じることは、各自の行為に「責任」を認め、価値的評価を下すことにつながる。そうした意識が社会的に共有されることで、刑罰制度などのさまざまな制度や規範が成立する。

（5）［野矢］が提唱する「素朴実在論」は、この意味での日常的信念の分析といえる。本書の立場は、第七章の「六」でも述べたように、「論理的整合性に合わせて経験を再解釈せよ」というものであり、経験を文字通りに受け入れる必要を認めない点で、素朴実在論とは異なる。

（6）［大森c］第三章は、公的な「過去」を制作するために各人の想起経験を選別する基準を二つ挙げている。①複数の人間の想起との一致（証言の一致）と、②現在世界への整合的接続（物証や自然法則）である。これらは、本文で挙げた二項目に各々対応する。また、「教師のいうことや本に書いてあることは正しい」という思い込みも、通常は真理性の根拠として扱われるが、①と②からの派生的要因と考えておこう。

本節までの議論も、①と②の基準で正当化できる。しかし、具体的な世界認識ではない場合には、公的な正当化は必ずしも重要ではない。

（7）経験された出来事を説明する科学理論（科学的世界観）としてどのような「仮説」を選択すべきなのか、その指針を確率論的に説明することもできる。たとえば、「事象E・仮説M・仮説S」を次のように定義しよう。

事象E「自然法則が繰り返し現れ、世界は常にそうした秩序で満たされている」という仮説（科学的世界観）が、経験上もっともらしく思えた。

仮説M「猫があくびをすると翌日は大抵雨になる」という出来事Zは、（気圧の変化に猫が反応している等の）自然法則によって説明される。

仮説S「猫があくびをすると翌日は大抵雨になる」という出来事Zは、猫の超能力によって説明される。仮説Mと仮説Sは、それだけを取り出すならば同程度にもっともらしい。しかし、事象Eを前提にすることで、Mの蓋然性はSを上回る（また、その場合、仮説Mでは、気圧の変化があくびと雨の両方を因果的に引き起こしており、あくびと雨の間には――仮説Sと違って――因果関係がない。単なる相関関係と因果関係の区別がこうして成立する）。もちろん、Eのような確率論的認識だけで確定的なことはいえないし、MとSの蓋然性が実際にどれだけ違うのかは、「出来事Z」の内容によっても異なる。しかし、今のところ、こうした一般的な指針によって科学的世界観が精緻化され、世界の予測可能性が蓄積的に高まっていることも事実である。

（8）しかし、科学的世界観に類するものはどの社会にもありうるので、日常的世界（具象的世界）と科学的世界観（抽象的世界）とは、〝世界〟を構想する場合の二つの様式ともいえる。

（9）科学哲学における「認識的構造実在論」は、「対象が持つ本性は不可知であり、対象どうしの関係を記述する構造のみを我々は知ることができる」と考える。本章の立場はこの考えに近いが、「構造が実在する」ということをどう理解すべきかは議論の余地が大きく、実体化を排したノミナリズムに徹するのが本章の立場である（逆の立場に立てば、そうした「情報構造」は、われわれ人間の側の作業仮説などではなく、宇宙という幻影を生み出している客観的な実在そのものである）。

一方、科学的世界観に属する個々の理論の真理性は、①「厳密性」と②「実在性」とに分節できる。「厳密性」とは、理論がわれわれの経験を予測する際の精度の高さであり、「実在性」とは、理論に含まれる描像が文字通りの姿で存在するということである。歴史の理論（歴史像）は、次々に出現する史料と矛盾しなければ「厳密性」を持つといえるが、たとえそうではなくても、われわれがその時代に生まれていれば体験できたであろう情景の描写であるならば「実在性」がある。逆に、量子力学の理論は、観測の予測に関して「厳密性」を持つが、その描像はあくまで仮設であり、科学雑誌のイラスト通りの素粒子が実在するわけではないという意味で「実在性」がない。

(10) W・クワインは、ホーリズムという語で科学的世界観における命題相互の体系性を強調した。一方、B1は知覚としての意識現象そのものであり、B2は、多くの意識現象によって共同保有される「意味内容」といえる（前者は、B・ラッセルのいう「直接知」と「記述知」からなるが、後者はもっぱら「記述（知）」である）。

(11) 科学的世界観の構成要素は意識現象と物理的存在者だが、それ以外に「義務」「正義」「神」「価値」などの観念的存在者も含まれる。それらは、抽象概念か「比喩的な意識現象」によってイメージされる。なお、「価値」の本質論に関しては、[重久d]の第三章参照。

(12) 「心の哲学」における「心・脳」問題も、物理的存在者と科学的世界観を実在視するゆえに、この段階の議論である。そこから、物理的存在者（物）と意識現象（心）に関して、二元論、付随的二元論、還元論的物理主義、消去主義的物理主義などのさまざまな解釈が現れる。

# あとがき

本書は、二〇〇九年に上梓した『時間幻想——西田哲学からの出発』（中央公論事業出版）を全面的に書き直したものである。

二〇一八年に公刊した『メタフィジックス——この世界が夢幻であるということ』（晃洋書房）の姉妹編ともいえるが、時間の真相をめぐる〈矛盾の哲学〉と〈無矛盾の哲学〉との対比をテーマにしている。第一部では、〈矛盾の哲学〉の好例として、今や世界中で研究されている西田哲学を解読し、第二部では、それに挑戦すべく自分自身の〈無矛盾の哲学〉を提唱した。

結果的に大きく異なる世界観となったが、二種類の哲学は、各々が特定の古典文化と結びつき、両者を対比することで、ある種の比較文化論的興味がかきたてられると思う。たとえば、西田哲学は、禅仏教を含む中世以後の東アジア仏教を背景に持ち、一方、第二部の〈無矛盾の哲学〉は、ナーガールジュナに代表される古代のインド仏教に触発されている。「東アジア」と「インド」を比較すれば、前者は、庶民的・社会的・世俗的であり、後者は、貴族的・脱俗的・論理的である。

一方、〈矛盾の哲学〉は、〝絶対無〟を提唱することで幽玄と静けさへのあこがれを示し、逆に、

〈無矛盾の哲学〉は、尽きることのない混沌と豊饒さを直観させる。たとえていえば、前者が弥生土器で後者が縄文土器、前者が胎蔵（界）曼荼羅、後者が金剛界曼荼羅であろう。

哲学的世界観としての是非や優劣にとどまらず、こうしたイメージにおいても、二つの哲学は対照的であり、各々が知的な（あるいは、美的な）魅力を発散していると思う。

私自身は哲学も仏教も本来の専門分野ではなく、いかなる既成宗教の信者でもない。しかし、ナーガールジュナに関しては、学部生時代に故・江島恵教先生の講義を受け、西田哲学に関しては、「西田哲学研究会」において小坂国継先生の十年にわたる指導を受ける幸運にめぐまれた。本書を閉じるにあたり、二人の恩師に改めて感謝の意を表したいと思う。

二〇二〇年三月

重久俊夫

# 参考文献




青山拓央 a 「時制的変化は定義可能か」『科学哲学37・2』二〇〇四年
――― b 『時間と自由意志――自由は存在するか』筑摩書房、二〇一六年
雨宮民雄「時間の非実在性と知の流儀」『科学哲学37・2』二〇〇四年
伊佐敷隆弘『時間様相の形而上学――現在・過去・未来とは何か』勁草書房、二〇一〇年
石神豊『西田幾多郎――自覚の哲学』北樹出版、二〇〇一年
井筒俊彦 a 『意識と本質』(『井筒俊彦全集』巻六) 岩波書店、一九九一年
――― b 『意識の形而上学』(『井筒俊彦全集』巻十) 中央公論社、一九九三年
――― c 「創造不断」『コスモスとアンチコスモス』(『井筒俊彦全集』巻九) 岩波書店、二〇一九年
井上克人 a 「西田哲学に見る禅仏教の特質」『宗教研究』364、二〇一〇年
――― b 『西田幾多郎と明治の精神』関西大学出版部、二〇一一年
――― c 『〈時〉と〈鏡〉――超越的覆蔵性の哲学』関西大学出版部、二〇一五年
入不二基義 a 「時間と矛盾」『思想・966』岩波書店、二〇〇四年10月
――― b 「時間の推移と叙述の固定」『科学哲学37・2』二〇〇四年
――― c 『あるようにあり、なるようになる――運命論の運命』講談社、二〇一五年

入不二基義・森岡正博『運命論を哲学する』明石書店、二〇一九年
岩下弘史「夏目漱石の「自己本位」について」『比較文学61』二〇一八年
上田閑照 a『西田幾多郎』（現代日本思想体系22）西谷啓治編、筑摩書房、一九六八年
――b『西田幾多郎を読む』岩波書店、一九九一年
瓜生津隆真『龍樹――空の論理と菩薩の道』大法輪閣、二〇〇四年
瓜生津隆真他訳『龍樹論集』（大乗仏典14）中央公論社、一九七四年
江島恵教「大乗仏教における時間論」『講座仏教思想』巻一、理想社、一九七四年
大竹晋『「悟り体験」を読む』新潮社、二〇一九年
大森荘蔵 a『新視覚新論』（『大森荘蔵著作集』巻六）東京大学出版会、一九八二年
――b『思考と論理』（『大森荘蔵著作集』巻七）日本放送出版協会、一九八六年
――c『時は流れず』（『大森荘蔵著作集』巻九）青土社、一九九六年
梶原雄一・上山春平『空の論理〈中観〉』（仏教の思想3）角川書店、一九六九年
桂紹隆・五島清隆『龍樹『根本中頌』を読む』春秋社、二〇一六年
河波昌編著『場所論の諸相』北樹出版、一九九七年
木村敏 a「精神分裂病の症状論」（『木村敏著作集』巻一）一九六五年
――b「生命、身体、自己」『日独文化研究所年報』第二号、二〇〇九年
――c「西田哲学と私の精神病理学」『西田哲学会年報』第一〇号、二〇一三年
九鬼周造「形而上学的時間」『人間と実存』（『九鬼周造全集』巻三）岩波書店、二〇一六年
工藤喜作「ヘーゲルとスピノザ」『ヘーゲル哲学研究』中埜肇編、理想社、一九八六年

熊谷征一郎「西田他者論における展開」『西田哲学会年報』第二号、二〇〇五年
黒崎宏『ウィトゲンシュタインから龍樹へ』哲学書房、二〇〇四年
郡司ペギオ幸夫『時間の正体』講談社、二〇〇八年
玄侑宗久『禅的生活』筑摩書房、二〇〇三年
小池平八郎『英国経験論における外界実在の問題』未來社、一九六七年
高山岩男『哲学とは何か』創文社、一九六七年
小草泰「知覚の志向説と選言説」『科学哲学42・1』二〇〇九年
小坂国継 a『西田哲学の研究』ミネルヴァ書房、一九九一年
――b『西田幾多郎』ミネルヴァ書房、一九九五年
小阪修平『イラスト西洋哲学史』宝島社、一九八四年
古東哲明『〈在る〉ことの不思議』勁草書房、一九九二年
三枝充悳訳注『中論――縁起・空・中の思想』上・中・下、第三文明社、一九八四年
斎藤慶典 a『フッサール　起源への哲学』講談社、二〇〇二年
――b『「実在」の形而上学』岩波書店、二〇一一年
左金武 a「現在主義と時間の非対称性」『科学哲学42・1』二〇〇九年
――b『時間にとって十全なこの世界――現在主義の哲学とその可能性』勁草書房、二〇一五年
佐藤透『時間体験の哲学』行路社、一九九九年
重久俊夫 a『夢幻論――永遠と無常の哲学』中央公論事業出版、二〇〇二年
――b『時間幻想――西田哲学からの出発』中央公論事業出版、二〇〇九年

――c『国家論――穂積・美濃部・西田』中央公論事業出版、二〇一五年
――d『メタフィジックス――この世界が夢幻であるということ』晃洋書房、二〇一八年
末木剛博『西田幾多郎　その哲学体系I』春秋社、一九八三年
須藤訓任「屋根から瓦が――必然・意志・偶然」『岩波 新・哲学講座3』岩波書店、一九九八年
滝浦静雄『時間――その哲学的考察』岩波書店、一九七四年
田口茂『現象学という思考』筑摩書房、二〇一四年
竹内良知『西田幾多郎』（近代日本思想体系11）筑摩書房、一九七四年
竹田青嗣『現象学入門』NHK出版、一九八九年
竹村牧男『西田幾多郎と仏教』大東出版社、二〇〇二年
立川武蔵a『「空」の構造――「中論」の論理』第三文明社、一九八六年
――b『空の思想史――原始仏教から日本近代へ』講談社、二〇〇三年
谷貞志a『〈無常〉の哲学――ダルマキールティと刹那滅』春秋社、一九九六年
――b「「刹那滅」論証」『認識論と論理学』（シリーズ大乗仏教9）春秋社、二〇一二年
谷徹『これが現象学だ』講談社、二〇〇二年
玉城康四郎a「道元の時間論」『講座仏教思想』巻一、理想社、一九七四年
――b『無量寿経』大蔵出版、一九九六年
田村芳朗「天台本覚思想概説」『天台本覚論』（日本思想大系9）岩波書店、一九七三年
槻木裕『現代の無我論――古典仏教と哲学』晃洋書房、二〇〇三年
寺田透他校注『道元』上（日本思想大系12）岩波書店、一九七〇年

戸田山和久a『科学哲学の冒険』NHK出版、二〇〇五年
――b『科学的実在論を擁護する』名古屋大学出版会、二〇一五年
朝永振一郎「量子力学的世界像」『朝永振一郎著作集』巻八、みすず書房、一九八二年
永井均『〈私〉の存在の比類なさ』勁草書房、一九九八年
中込照明『唯心論物理学の誕生』海鳴社、一九九八年
中島義道a『時間を哲学する』講談社、一九九六年
――b『ニーチェ――ニヒリズムを生きる』河出書房新社、二〇一三年
中山康雄「時間が実在するとはどのようなことなのか」『科学哲学37・2』二〇〇四年
中村元『ナーガールジュナ』講談社、一九八〇年
中村秀吉『時間のパラドックス』中央公論社、一九八〇年
新形信和『無の比較思想』ミネルヴァ書房、一九九八年
西田幾多郎『新版・西田幾多郎全集』巻一～二四、岩波書店、二〇〇三～九年
西谷啓治「空と即」『西谷啓治著作集』巻十三、創文社、一九八七年
野家啓一「科学哲学者としての西田幾多郎」『西田哲学会年報』第六号、二〇〇九年
野矢茂樹『心という難問――空間・身体・意味』講談社、二〇一六年
久松真一「西田哲学と禅（一）」『久松真一著作集』巻八、理想社、一九七四年
平山洋『西田哲学の再構築』ミネルヴァ書房、一九九七年
本田恵『中論註和訳』国書刊行会、一九八八年
正木晃『「空」論――空から読み解く仏教』春秋社、二〇一九年

松原隆彦『宇宙は無限か有限か』光文社、二〇一九年
松本史朗『道元思想論』大蔵出版、二〇〇〇年
三浦俊彦『多宇宙と輪廻転生』青土社、二〇〇七年
満原健「『善の研究』と心理主義」『西田哲学会年報』第一五号、二〇一八年
務台理作「哲学十話」一九六四年
森田邦久『時間という謎』春秋社、二〇一九年
森田邦久編著『〈現在〉という謎──時間の空間化批判』勁草書房、二〇一九年
森本孝治「私の西田先生」『西田幾多郎──同時代の記録』下村寅太郎編、岩波書店、一九七一年
森本聡「プロティノスにおける発出の意味について」『宗教哲学研究』13号、一九九六年
矢島羊吉『空の哲学』NHK出版、一九八三年
柳宗悦『柳宗悦全集』巻一、筑摩書房、一九八一年
山口一郎『現象学ことはじめ』日本評論社、二〇〇二年
山口瑞鳳『評説・インド仏教哲学史』岩波書店、二〇一〇年
山本誠作『無とプロセス』行路社、一九八七年
コニー、E・サイダー、T『形而上学レッスン』（小山虎訳）春秋社、二〇〇九年
デイヴィス、P『時間について』（林一訳）早川書房、一九九七年
デイントン、B「中立一元論、時間経験、そして時間」（岡嶋隆佑訳）平井靖史他編『ベルクソン『物質と記憶』を解読する』書肆心水、二〇一六年
フランク、A『時間と宇宙のすべて』（水谷淳訳）早川書房、二〇一二年

ジェイムズ、W『純粋経験の哲学』（伊藤邦武編訳）岩波書店、二〇〇四年
マクタガート、J・E・M『時間の非実在性』（永井均訳注）講談社、二〇一七年
プリースト、G『論理学超入門』（菅沼聡他訳）岩波書店、二〇一九年
ペンローズ、R『宇宙の始まりと終わりはなぜ同じなのか』（竹内薫訳）新潮社、二〇一四年
ロヴェッリ、C『時間は存在しない』（富永星訳）NHK出版、二〇一九年
スマリヤン、R『哲学ファンタジー』（高橋昌一郎訳）丸善、一九九五年

《著者紹介》

重久俊夫（しげひさ　としお）

1960年生まれ。東京大学文学部（西洋史）卒。研究分野は，哲学・比較思想史。

著書　『夢幻論――永遠と無常の哲学』（2002年），『夢幻・功利主義・情報進化』（2004年），『世界史解読――一つの進化論的考察』（2007年），『時間幻想――西田哲学からの出発』（2009年），『メタ憲法学――根拠としての進化論と功利主義』（2013年），『国家論――穂積・美濃部・西田』（2015年）　以上，中央公論事業出版。『人文死生学宣言――私の死の謎』（共著，2017年）春秋社，『メタフィジックス――この世界が夢幻であるということ』（2018年）晃洋書房，『メガヒストリー――進化と近代化の歴史像』（2019年）PHP エディターズ・グループ。

論文　「すべての経験は純粋経験である」『西田哲学会年報』（2004年創刊号）など。

西田哲学とその彼岸
時間論の二つの可能性

2020年 8 月30日　初版第 1 刷発行

＊定価はカバーに
表示してあります

著　者　重　久　俊　夫©
発行者　萩　原　淳　平
印刷者　江　戸　孝　典

発行所　株式会社　晃　洋　書　房
〒615-0026　京都市右京区西院北矢掛町 7 番地
電話　075（312）0788番(代)
振替口座　01040-6-32280

装丁　クリエイティブ・コンセプト　　印刷・製本　共同印刷工業㈱

ISBN978-4-7710-3384-9